セブン元オーナーはなぜ闘ったのか

日本のコンビニを問う

村上恭介

旬報社

はじめに

コンビニチェーン最大手、セブン－イレブン・ジャパンがフランチャイズ契約をタテに24時間営業を強制しているのに対し、東大阪市の加盟店オーナー・松本実敏《みとし》さんが過労を理由に深夜営業を中止したことから始まった「セブン－イレブン松本裁判」の判決は2022年6月23日、大阪地裁で言い渡された。裁判は証人尋問を含めて10回の口頭弁論を重ね、提訴から判決までに2年半近くの時間を要したが、裁判長の主文言い渡しはわずか数十秒で終わった。松本さん全面敗訴の判決に「不当だ」の声が傍聴者から飛ぶのを聞きながら、思い起こしたのは「この門をくぐる者は、一切の希望を捨てよ」(ダンテ)の一節で始まる元裁判官の著書『絶望の裁判所』という本のタイトルだった。

松本裁判の本来の争点は、時短営業をきっかけにしたセブン本部の契約解除は許されるかということにあった。しかし、大阪地裁の判決は、セブン－イレブンの企業利益を最優先し、契約解除を有効とする結論を導くために、もっぱら松本オーナーの顧客対応に焦点を当て、セブン本部の主張に沿った強引な事実認定を重ねた。その典型例の一つは、判決が「有形力の行使」と断じた松本氏による来店客への「頭突き」事件である。

セブン本部は「頭突き」の証拠として、店舗駐車場を隠し撮りした動画を裁判所に提出し、法廷でも上映されたのだが、この盗撮動画には人物の動きはほとんど何も記録されていなかった。にもかかわらず、判決は松本氏と客との動きを秒単位で詳述し、松本氏の「暴力」を認定した。まさに結論ありきの乱暴な憶測であり、刑事事件であれば間違いなく冤罪になるケースである。「被害者」が顔面を負傷したと言いながら、なんら治療を受けず、事件から半年近くもたって警察に告訴したことなど、セブン本部の関与が強く疑われる不自然さについても、判決は「証拠はない」と切り捨てている。

証人尋問では松本オーナー側が圧勝していただけに、事実を捻じ曲げた地裁判決は、まさに「絶望の裁判所」と表現するしかなかった。この判決を追認した大阪高裁判決、最高裁決定についてもこれ以外の感想は思い浮かばない。原発や米軍基地などと同じように、コンビニのフランチャイズシステムは、この国の司法と行政が守り抜く「国策」であるかのようだ。

セブン‐イレブンの関西地区内1200店舗余りを統括する幹部社員（ゾー

ン・マネージャー）によると、契約違反を理由にフランチャイズ契約を解除されたのは、松本オーナーが初めてである。加盟店とのトラブルは、できる限り早期に解決するのが同社の通常の対応であり、本部に送金する義務があるレジの現金を横領した店主でさえ、全額を弁済し再発防止を約束すれば、再起の機会が与えられるし、不正を繰り返すなど悪質な場合であっても、違約金を請求しない合意解約に持ち込むのだという。なぜなら、１２００～１８００万円程度の違約金の金額は、店舗の明け渡しを受ければ短期間に回収できるから、違約金のために裁判などで長期に争うのは経済的に不合理なのだ。

ところが、セブン本部は松本オーナーだけにはこの原則を適応せず、自ら先導して裁判を起こした。経済合理性を無視し、調査会社に盗撮・監視までさせて争ったのは、松本氏がフランチャイズ契約の根幹である24時間営業に異議を唱え、全国の加盟店主に時短営業を呼びかけたからだろう。セブン本部は、契約を解除したのは松本氏の「異常な顧客対応」などが理由だと主張したが、事実経過をたどれば、本部に無断で深夜営業を中止したことが「松本排除」の動機であることは明らかだった。

裁判は松本オーナーの敗訴となったものの、セブン本部が加盟店に強制する24時間無休営業は、この紛争によって世論の批判を浴び、時短営業が全国のコンビニに広がった。たとえ「国策」であろうと、声をあげれば強固な壁も崩せることを松本氏の闘いが示したといえる。またこの裁判は、図らずもセブン－イレブンの闇の一端を明らかにするとともに、コンビニの店舗を支える人たちがいかに過酷な環境で働いているのか、市民、消費者に伝えるまたとない機会となった。

煩雑にならないよう本文中は敬称を省略させていただき、松本弁護団とセブン本部社員、支援する会メンバーは実名表記を原則とし、近隣住民、利用客ら一般市民は匿名にした。本文の構成は、第1章で事件の発端と経過、裁判の結末までを要約して記述し、この章を読めば全体の流れが分かるようにした。第2章以降は、なぜこのような闘いになったのか、時系列に沿って詳しくたどり、事件の本質を理解いただけるように努めた。第10章は、この事件を取材しながら、終始、違和感を覚えた「コンビニは社会インフラである」という脅し文句への、私なりの異議申し立てである。

著者

目次

第1章 「24時間営業」を問う裁判でオーナー敗訴

大阪平野の東部に位置する東大阪市は、大阪府内の自治体で3位の人口48万人を擁し、中核市に指定されている。大阪市内から公共交通を利用してこの市に出向くには、近畿日本鉄道（近鉄）を使うことになり、梅田や天王寺からであればJR環状線の鶴橋で近鉄に乗り換えるか、地下鉄で近鉄・難波駅に向かう必要がある。クルマでなければやや交通不便な地域といえる。ただ、市内には住宅や町工場が密集し、屈指のマンモス私大・近畿大学もあって賑やかな街ではある。

そんな地方都市の一角、最寄り駅の近鉄大阪線・弥刀《みと》から徒歩二十数分ほどの場所に2012年2月、松本実敏《みとし》は、セブン－イレブン東大阪南上小阪店を開業した。受注が不安定な工務店の仕事に見切りをつけ、セブン－イレブン・ジャパン（本社・東京、以下セブン本部）とフランチャイズ契約を交わし、開業資金約1000万円の借金を背負っての再スタートだった。

セブン本部の事前調査によると、東大阪南上小阪店は「近隣に中小企業、ワンルームマンションが多く点在し、車・歩行者が行き来する角地にあって、具体的には、徒歩5分以内に中小企業が約190事業所、その従業員総数が1500人を超え、しかも事業所内に食堂がなく、また、ワンルームマンションが多く、若者比率及び単身比率が、いずれも、東大阪市の平均値より格段に高く、朝夕には、近畿大学（在校数約4万人）、同高校（約2900人）、同中学（約850人）の学生らや通勤客を中心に、多くの交通量が見込まれる」と分析されていた。

ところが、開業から7年10か月後の2019年12月末、当時58歳の松本はセブン本部から加盟店契約を解除され、路頭に迷うことになった。契約期間は15年間だから、更新までまだ7年以上残っていた。

契約解除の理由は「時短営業」から「異常な顧客対応」に

事件の発端は、松本が19年2月1日以降、本部の同意を得ずに午前1時から6時までの深夜営業を中止したことにあった。交代で店を切り盛りした妻・倫子《ともこ》（享年60）を前年5月にすい臓がんで亡くし、人手不足のまっただ中で長時間労働を強いられた松本は、「このままでは過労死しかねない」と、自主的に時短営業に踏み切ったのである。これに対して、セブン－イレブン側は「24時間営業を義務づけた加盟店契約に違反する」として、違約金1700万円の支払いと店舗明け渡しを松本に通告した。

この事件はマスコミ報道によって世間の注目を浴び、世論の大勢は24時間営業を強要する会社側に批判的だった。また公正取引委員会は同年10月、この事件をきっかけにコンビニの実態調査に着手した。そんな動きに配慮したのか、セブン－イレブンはいったん松本への要求を撤回した。

しかし、松本が同年10月に元日休業の意思を明らかにすると、セブン本部は12月末になって「松本オーナーの異常な顧客対応によって、ブランドイメージが毀損された」「SNSなどで会社や役員を誹謗中傷した」など、時短営業とは別の理由を並べて加盟店契約の解除を強行した。これ以降、松本は収入の道を絶たれ、一時は配達員や大工手伝いなど日雇いに近い職を転々とすることになる。

セブン－イレブンは翌2020年1月、店舗明け渡しと違約金の支払いなどを求めて松本を提訴。一方、松本は「契約解除は時短営業への報復であり、本部の優越的地位の乱用だ」として同年2月、店主としての地位確認などを求める裁判を起こした。双方がお互いを訴えた裁判はメディアでも大きく報道され、10回に及んだ大阪地裁大法廷での口頭弁論は傍聴席、記者席とも毎回満席となった。

「客のクレームが326件」は本当か？

この裁判で松本側は、時短営業をきっかけにセブン本部との紛争が始まった経緯をふまえ、コンビニ業界に蔓延する年中無休24時間営業の是非を争点にする方針だった。

ところが、セブン本部は「契約解除は松本オーナーの影響力を排除するのが目的」だとする松本側の主張を真っ向から否定し、「契約解除の理由は、顧客への一方的な暴力、暴言など被告（松本）への顧客の苦情が約7年間で326件に上り、本部の是正・改善要請にも応じなかったからだ」と主張した。

そのうえで、顧客の苦情を社内で記録した大量の「苦情一覧表」をはじめ、店舗を隠し撮りした動画、音声などを利用客への〝暴力〟の証拠だとして裁判所に提出した。また松本によるツイッター（現X）への投稿によって信頼関係は崩壊したと断じた。

これに対し松本弁護団は、セブン本部が内部連絡票を根拠に7年間に326件と主張する利用客の「苦情」の中には、単なる問い合わせや客の誤解によるもの、事実を意図的に歪曲・誇張したもの、悪質なクレーマーによる言いがかりなどが多数含まれるうえ、重複も多く信憑性に欠けると指摘。さらに、セブンが争点として特定した57件について①駐車場の利用、②店側の接客態度、③利用客によるゴミの持ち込み、④トイレ利用——に関するものなどに分類して、その一つひとつに具体的に反論するとともに、一部の理不尽なクレーマーに松本が毅然と対応したものまで「異常な顧客対応」と非難するのは筋違いだと主張した。

物量に飽かして「トラブル」「苦情」集めに奔走

口頭弁論では、これらの主張と反論をめぐって双方の代理人が激しく応酬した。

セブン本部代理人の法廷での主張は、もっぱら松本への人格攻撃に費やされた。その論旨を要約すれば、松本は顧客への一方的な暴力・暴言を繰り返す粗暴で矯正不可能な人間であり、ツイッターで会社役員を誹謗中傷し、マスコミを利用してセブン本部を貶める大ウソつきだ、ということになる。

松本弁護団は、これらの主張について「契約解除の本当の理由は時短営業（24時間営業の中止）にあることを隠すための、後付けの口実に過ぎない」と批判しつつ、「松本オーナーの接客態度がそれほど異常なら、なぜ本部はその都度改善を指導しなかったのか」「松本オーナーの店舗の来客数や売り上げは東大阪市内でも平均以上か上位にランクされ、仮に彼が粗暴な店主なら達成不可能な成績ではないか」と追及した。

実際、セブン本部は苦情が異常に多いと主張しながら、開業から時短営業までの7年近くの間、接客態度の改善を松本に強く要求したことは一度もなかった。ところが19年2月に松本が時短営業を始めると態度を一変させ、「24時間営業に応じないなら、契約解除に誘導する」と社内で申し合わせたうえ、社をあげて松本の「異常な顧客対応」の証拠集めに奔走していた。法廷での証人尋問や証拠書類では、セブン本部が①調査会社を通じて店舗を盗撮する、②松本のSNSの投稿に問題があってもあえて静観する、③地元の警察、大学、近隣者にトラブルの有無を調査し、苦情を集める——などの周到な計画を立て、実行していたことが明らかになった。これらに相当な費用を投じたであろうことは、容易に想像できる。

コンビニ業界トップのセブン－イレブンは国内に2万店以上を展開し、この当時（2020年2月期）の決算は、最終的な利益を示す純利益が前年比7・5％増の2181億円と、3年連続で過去最高を更新していた。業界2、3位のファミリーマート、ローソンとは売上高、営業利益とも桁違いの業績である。そんな巨大企業が、2万分の1店舗のオーナーにすぎない松本を目の敵にした理由は、本当のところ何だったのか。

松本弁護団は、その狙いを「時短営業や元日休業を問題提起し、社会的注目を浴びる松本オーナーを排除して、その影響力を失わせることにあった」と主張した。

客のカスハラ（迷惑行為）を見ぬふりの不当判決

大阪地裁（横田昌紀裁判長）は２０２２年6月23日、セブン本部の主張を全面的に認め、松本に店舗明け渡しと違約金相当の１４５０万円および一日当たり約11万円の損害賠償の支払いを命じる判決を言い渡した。

地裁判決は、松本側には基本契約に基づきセブン－イレブンのブランドイメージを保ち、フレンドリーサービス（感じの良い接客）を提供する義務があるのに、利用客に乱暴な言動を繰り返し、他の店舗に比べて苦情申し立てが群を抜いて多かったと認定。さらに松本のＳＮＳ投稿はセブン本部への誹謗中傷に該当し、正当化できないとして、契約解除はこれらの行為により「信頼関係が崩壊した」ことが理由であり、「時短営業への意趣返し」とは言えないと結論づけた。そこには理不尽な利用客による迷惑行為（カスタマーハラスメント）の実態を知ろうとする姿勢はまったく見られなかった。

時短営業の是非が争点の松本裁判であったのに、オーナーの「人格裁判」であるかのような判決が出された結果、コンビニの24時間営業問題をめぐるマスコミ報道は潮が引くように減少していった。判決の行方を見守っていた全国のコンビニオーナーたちが、24時間営業に異を唱えにくくなったのは言うまでもない。時短を求めると、松本のように客のクレームを理由に契約更新を拒否されかねないからだ。

松本は不当判決として控訴したが、大阪高裁（清水響裁判長）は２０２３年4月27日、一審判決を支持し、松本の控訴を棄却した。一、二審判決ともに、先述したセブン側の周到な計画性を不問にしたまま、「苦情の大半は裏付けがなく、社内でも自然消滅扱いだった」とする松本側の主張を認めなかった。加えて両判決は違約金のほかに、契約解除された2019年12月末から店舗引き渡しまで、一日当たり約11万円の損害賠償金をセブン本部に支払うよう命じている。これは一年当たり約4000万円に相当する。

松本は高裁判決を不服として最高裁に上告受理申立を行ったが、2024年4月17日、最高裁は高裁判決に判例違反はないと判断し、上告を受理しない決定を下した。この結果、松本は最終的には1億6000万円を優に超える巨額の賠償金の支払いを科せられた。

松本は、アリが象に刃向うような挑戦をしたのかもしれない。しかし、それにしてもこれらの判決は、フランチャイズ契約上、交渉力・情報量などでコンビニ本部が圧倒的に優位な立場にある現実を考慮することなく、セブン本部の主張に沿った一方的な事実認定を行い、弱い立場のオーナー側に重い懲罰を言い渡した点で、あまりにも均衡を欠いているのではないか。裁判所はセブン‐イレブンの企業利益を重視する一方、24時間営業などで疲弊するオーナーと家族たちの苦難から目を逸らしたともいえる。

これではコンビニオーナーたちは萎縮してしまい、24時間365日無休営業をはじめ、異常に高いチャージ（ロイヤルティ、上納金）や見切り販売の妨害、特定地域への集中出店（ドミナント戦略）など、業界が抱える負の構造の改革は遠ざかるばかりだ。

国を動かし、世論は「時短営業」の流れに

ただし、松本の時短営業をきっかけに、コンビニの24時間営業は国も放置できない問題となった。前述のとおり、公正取引委員会は19年10月からコンビニ加盟店の詳細な実態調査を行い、翌年9月に公表した報告書では、本部が時短営業を一方的に拒んだ場合は独占禁止法違反（優越的地位の乱用）になりうると警告した。また経済産業省も19年、新たなコンビニのあり方検討委員会を発足させ、20年の報告書で加盟店に営業時間の裁量を与えることなどを業界に求めた。

これ以降、コンビニ業界では深夜営業をやめる店舗が徐々に増え、セブン‐イレブン、ローソンなど大手3社の時短店舗は２０２４年4月現在、8～10％に広がった（共同通信調査）。松本は裁判には敗れたものの、世論を動かしてコンビニ業界に一矢を報いたといえる。

またこの紛争では、コンビニオーナーが学ぶべき貴重な教訓があった。最大の収穫は、オーナーが異議申し立てを行ったとき、コンビニ本部はどのような手段でつぶしにかかるのか、業界トップのセブン‐イレブンが図らずも手の内を見せたことである。詳細は第5章以降で詳述するが、松本に続いてコンビニ本部の理不尽に抗するオーナーが表れるとすれば、この業界の手練手管は十分に研究し、対策を練っておくことをお勧めしたい。

付言するなら、松本の時短裁判の取材を通じて筆者が痛感したのは、この社会に24時間３６５日無休で営業するコンビニ店舗が本当に必要なのかという根本的疑問である。経済産業省やマスメディ

アの一部、そしてセブン－イレブン自らもコンビニを「社会インフラ」と位置づけ、この国に不可欠の存在であるかのように持ち上げるが、本当にそうなのか。これについては、最終章で検討したい。

第2章　セブン本部に異議を唱えるまでの苦難

松本実敏は１９６１月9月17日、３人姉弟の長男として東大阪市で生まれた。父は先代から継いだ工務店を営み、経済的には安定した暮らしだったという。ただ、病弱な弟を心配した母は、新興宗教の「神慈秀明会」に入会しており、人を幸福にしなければ自分は幸福になり得ないといった教えに共鳴した松本は、自らも大学時代に本格的に信仰するようになった。

中学時代の松本は、各学年で学級委員を務め、野球部に所属して副主将もこなすなど、人の先頭に立つタイプだった。その中学校は、一学級に40人以上のクラスが各学年とも10クラス以上という、大阪でも指折りのマンモス校で、当時、有名な番長とそのグループが生徒会の会長、副会長、書記のすべての役職に立候補したことがある。だれもが報復を恐れて立候補をためらったが、「学校が無茶苦茶になる」と思った松本は、友人を募って対立候補に名乗りをあげ、すべての役員選挙に勝利した。生徒会長になった松本は、選挙のあと番長グループに呼び出され、取り囲まれたというが、怖いもの知らずで、正しいと思ったら勝ち負けを度外視して突き進む性格は、この頃からほとんど変わっていないようだ。

大阪の私立大学を卒業後、松本は英会話習得を目的に3年ばかり米国に留学し、帰国後は１年間の貿易会社勤務を経て、父との約束どおり家業の工務店の仕事に就いた。社員は松本を含めて10人ほどで、彼も住宅のリフォームや増改築、店舗の内装工事などに従事したのち、経営を継いだ。

妻の倫子と結婚したのは、松本が31歳のときだった。リフォーム工事の休憩時、英語の本を読んでいる松本に興味を持ったのか、施主の女性が声をかけ、妹に会ってみないかと誘われたのがきっかけだ。

その妹が松本より4歳年上の倫子だった。半年ほど交際を重ね、気心が合った二人は1991年に式を挙げた。松本は「自分が惚れる女性は身近にはいないと思っていたが、倫子は日本的な穏やかな性格だった。医者の娘なのに、権威やポスト、財産などにまったく無関心なところも気に入った」という。

「年に2、3回は海外旅行に行ける」わけがない

工務店の仕事は20年ほど続けたが、バブル経済崩壊後の不景気に見舞われ、収入は不安定になっていた。ポスト投函されたセブン‐イレブンの「コンビニオーナー募集」チラシを見たのはその頃だ。

地元の説明会に参加すると、防腐剤・着色料不使用の食品提供、地域社会への貢献といった理念に共感し、何より安定した仕事に就けるのを魅力に感じた。24時間365日休みがないことに躊躇はしたものの、本部社員は「オーナーヘルプ制度があり、いつでも社員が手助けするので心配はない。年に2、3回は海外旅行にも行ける」「最低収入保障によって月40万円以上の安定収入が確実」と強調したので、松本は契約を決断した。

説明会には松本夫妻を含め5組10人の夫婦が参加していた。契約の意思がある夫婦の自宅には本部社員が訪問し、預金通帳を確認して借金の有無を調べられた。その後、健康診断や筆記試験（常識問題）があり、これにパスすると、東京・多摩にあるセブン‐イレブンの研修所で3泊4日の研修会に参加することになった。ここには全国から200人ほどが集められ、朝9時から夕方5時までレジの打ち方、接客態度、商品管理などを学んだ。この研修費が二人で50万円だった。

説明会で開業資金はこれを含めて250万円と聞いていたが、結局、このほかに設備関連に200万円、商品仕入れ代として800万円など合計1000万円以上が必要だった。加盟金（250万円）以外はすべてセブン本部からの借金となり、毎月のチャージ（上納金）とは別に「オープンアカウント」と称して、本部に返済する仕組みになっていた。もちろん利子（年5％）付きである。

研修の全過程を終了して1週間ほど後、松本はセブン‐イレブンから「適格者」と認定され、2012年1月5日、加盟店契約の基本契約書（47ページ）と付属契約書（29ページ）に署名捺印した。社員3、4人が自宅を訪れ説明に半日ほど要したと記憶している。ともあれ、この瞬間、松本は晴れて一国一城のコンビニオーナーとなったわけである。

セブン‐イレブン東大阪南上小阪店のオープンは12年2月24日。開業にあたっては夫婦二人での店舗経営が条件とされ、妻の倫子もマネージャーとして店に立った。倫子は日本舞踊とポーセラーツ（西洋磁気の絵付け）の資格を活かして二つの教室を開いており、コンビニ開業後も兼業するつもりであったが、「24時間365日営業」の下では店と教室の兼業は不可能だった。開店以降、夫妻は毎日午前8時から午後7時ごろまで店頭に立った。

開業の際は、本部の提案にもとづき新規開店のチラシ3000枚を配り、オープン3日目までのチラシ持参者にマヨネーズ1本をプレゼントすると宣伝したところ、初日だけで2000人がやってきた。担当社員の見込み数が大きく外れ、用意した800本の景品がすぐに底をつく大盛況だった。不足分は後日手渡す約束をしたが、中には執拗に食い下がる来店者がいて、こんな客もいるのかと松本は面食らったという。セブン‐イレブンの電子マネー「ナナコ（nanaco）カード」は友人、知人にも協力を訴え、開店から3日間で会員1000人の獲得を達成した。関西では当時の新記録である。

松本は開店当初、クルマで約30分、電車だと約1時間を要する自宅から店舗に通っていたが、24時間営業に対応するため、半年後には店舗近くのマンションに引っ越した。深夜の仕事は社員やアルバイトスタッフに任せていたが、急な欠勤などトラブルがあればすぐに店にかけつけねばならない。午後10時まではビールも飲めず、神経を張り詰める暮らしが続いた。「年に2、3回の海外旅行」など夢のまた夢であった。

1日の売り上げ目標45万円は1年後に60万円に、2年後には65万円に増やし、3年後の月販は2000万円を超えた。本部へのチャージ（上納金）、人件費などの経費を差し引いた月収は40～60万円ほどだったが、松本夫妻は生活費を月25～30万円に抑え、借金1000万円の返済を優先した。節約生活が実り、セブン本部からの借入金は4年ほどで完済することができた。

なおセブン-イレブンのチャージ（ロイヤルティ）は、1か月の売上総利益に応じて56％から76％もの上納金を本部に支払う必要があり、6年以上たっても借金を返せないオーナーは珍しくなかった。開店5周年の2017年2月、松本にはセブン-イレブン・ジャパンの古屋一樹社長（当時）から表彰状が贈られた。「貴殿をはじめご家族みなさまの日夜たゆまぬご努力とご苦労に深く感謝申し上げます」とあった。

迷惑駐車に振り回され、客に罵倒される日々

とはいえ、松本はセブン-イレブンの意向に必ずしも従順だったわけではない。開業当初、本部が計画した商品配達制度の説明会では、「店の従業員が一人になってしまい、配達に出た女子が家に連れ込まれる危険がある」と、ただ一人はっきりと反対した。売れもしないおでん3000個を本部社員に無断発注されそうになって、慌ててストップをかけたこともある。このときは本部に抗議し、担当のOFC（オペレーション・フィールド・カウンセラー＝店舗経営指導員）を交代させた。「本部の要求を黙って受け入れていると、加盟店はボロボロにされる」。松本は早くからそう悟り、本部社員による過剰発注を許さず、廃棄ロスを減らす努力を重ねていた。

コンビニオーナーにとって、本部との距離のとり方とともに、悩みの種になるのは迷惑客への対応だろう。松本の店の所在地周辺は必ずしも治安が良い方ではなかった。やってくる客の中には、トイレを公衆便所のように使って汚し放題、駐車場に何時間もクルマを止める、ゴミ箱に家庭ゴミを捨て

る、といった非常識な人たちがいる。レジの行列への割り込みを注意すると、「じゃかましい、ボケ」と罵倒されることなど、しょっちゅうだ。深夜には若者の集団が店舗周辺を我が物顔で占拠することもある。向こうっ気が強い松本は、そんな客には毅然と対応することにしていたが、そうした接客態度をセブン本部が後に契約解除の口実に悪用するとは考えもしなかった。

松本の店舗の近くには、近畿大学の付属中学・高校のキャンパスがあり、保護者会などの行事があるたびに、12台の駐車スペースは保護者のクルマに占領された。たまりかねた松本が、近大関係者への注意書きを掲示すると、無断駐車の人たちの一部は逆恨みしてセブン本部にクレームを入れる始末だった。近隣の飲食店、理髪店などの利用客が無断駐車する例も後を絶たない。店舗内に設置された防犯カメラのモニターでチェックするたび、松本がドライバーや近隣店に注意すると、立腹した相手側と口論になることも少なくなかった。

本来の客が利用できない事態に業を煮やした松本は、開業の約2年後から担当のＯＦＣたちに駐車場の有料化を繰り返し訴えたが、彼らの回答は「できない」の一点張りだった。やむなく松本は、地元警察の助言も得て「1時間以上の無断駐車にはタイヤロックを行い、罰金を徴収する」ことをＤＭ（ディストリクト・マネージャー＝ＯＦＣの一つ上の役職で、地区を統括）に報告し、そのとおりの対抗手段をとった。本部は迷惑駐車への対応を加盟店任せにしていたからである。だが、これには予想どおり本部へのクレームが急増し、本部は20分以上の駐車を有料化することにやっと同意した。松本の要請から実に4年後、開店から6年目の２０１８年4月のことである。迷惑駐車はこれでようやく減少していった。

セブン本部は後の仮処分裁判で、駐車場の有料化について「（セブン－イレブンの）企業価値及びブランド価値を守るために」、２０１８年4月から駐車場を有料化することによって、松本に「異常な顧客対応の是正と改善の機会を与えたのである」と主張したが、これは松本の有料化要請を4年も拒み続けたあげく、渋々受け容れた事実を捻じ曲げるものであるうえ、この時点では「異常な顧客対応」など一切問題になっていないのだから、後付けの詭弁も甚だしい。

松本が店舗経営で独自の工夫をしたのは、迷惑駐車への対策だけではない。アメリカに留学中、現地の郵便局などで採用されていた、窓口へのフォーク型行列の合理性に感心した松本は、これを思い起こして自分の店のレジ前にも取り入れた。客がそれぞれのレジの前に並ぶ並列型をやめ、フォーク型をまねたY字型に改めたのだ。通路に貼る足跡ステッカーや矢印の誘導シールは妻の倫子がネットを検索し、心斎橋の専門店で探し出した。これによって行列への割り込みを防ぎ、順番どおりのレジ作業ができるようになり、従業員、利用客のストレスも大きく緩和された。Y字待機は今やほとんどのスーパーなどで採用されているが、当時は画期的な行列整理法であり、コンビニでは松本が最初の導入者だった。

倫子にガンが見つかったのは、駐車場トラブルが続いていた２０１６年7月のことだ。食欲が落ちて「しんどい」と言うようになった。親族の医師が顔の黄疸に気づき、急いで検査を受けさせたところ末期のすい臓ガンだった。もともと我慢強い性格だったが、過労とストレスが影響したのかもしれない。手術は成功し、退院後1週間ほどすると、倫子は夫の負担を減らそうと、抗ガン剤と鎮痛剤を打ちながら店頭に立った。松本は止めようとしたが、結局、甘えてしまった。

だが、無理がたたったのだろう。翌年4月、がんの転移が見つかり、担当医は「余命1、2カ月」と診断した。

最期を迎えるにあたり、倫子は神奈川県内の大学に通う長男の生活を見たいと望んだ。松本は初めて本部に応援を頼み、1週間の休みをとって二人で上京した。息子に会う希望は叶えられたものの、彼女は神奈川で倒れ、救急搬送される事態になった。息を引き取ったのはそれから間もない5月31日だった。

亡くなる直前、病院の喫茶室で二人そろってモーニングセットを前にしているとき、倫子がふと漏らした。「こんなんできるなんて、夢みたい……」。開業してからというもの、夫婦で喫茶店に赴き、穏やかに過ごすことなど一度もなかったのだ。松本は胸が詰まった。コンビニ経営などやるのではなかった、と心底後悔した。

倫子の死後3か月ほど、松本は食事もとれないほど落ち込み、それでも店と家を往復して発注だけはこなした。「命まで奪われるような契約に縛られた人生でいいのか」。そんな自問自答を繰り返していた。

妻が亡くなり、人手不足を訴えても、援助なく

倫子はマネージャーとして、パート、アルバイト従業員の不満のなだめ役も務めていた。その心配りをする人間がいなくなり、それからほぼ半年の間にアルバイトなど20人のうち13人が辞めてしまった。大学を卒業する４人が一度に退職したほか、中には仕事ぶりを松本に注意されたベテランの女性従業員が、腹いせに４、５人のバイトを連れて辞めたケースもある。

コンビニの仕事はきつくて責任が重く、客から罵声を浴びることも多いのに賃金は低いとあって、当時も今も若者たちが敬遠するバイトの代表格である。松本は本部社員に従業員採用への協力を繰り返し訴えたが、「スタッフの確保はオーナーの責任」「どの店も苦労している」と、取り合ってくれなかった。

仕方なく、２０１８年11月からは、まだ大学生だった長男に店長として応援に入ってもらった。しかし、人手不足はその後も解消されず、松本本人が１日16～20時間のシフトに入っても店は回らなくなっていた。妻が逝ってからの８か月間で松本が店を休めたのは３日だけで、連続36時間の勤務さえあった。前年春まで20人いた店舗スタッフは、19年に入るとバイトスタッフ６人と松本、長男の計８人にまで減り、もはやシフトが組めない状態になっていた。松本は、以前より強く深夜時間帯の休業を繰り返し申し入れたが、本部側は「24時間営業はセブンのブランドであり、深夜の休業は加盟店契約に違反する」と言うばかりだった。

「このままでは倒れるか、死ぬしかない」。そう考えた松本は２０１９年２月１日以降、午前１時から６時までの５時間は店を閉じる時短営業に踏み切った。担当のＤＭに事前に通告したところ、彼

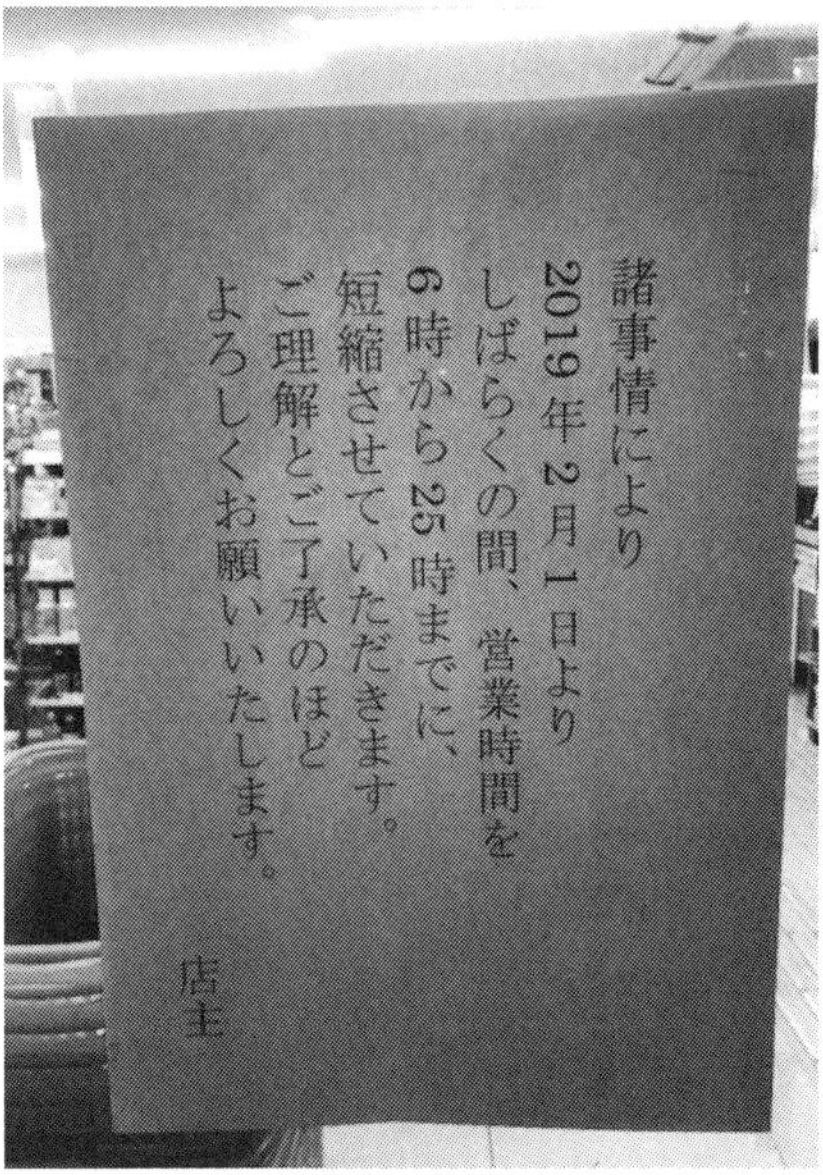
諸事情により
2019年2月1日より
しばらくの間、営業時間を
6時から25時までに、
短縮させていただきます。
ご理解とご了承のほど
よろしくお願いいたします。
店主
時短営業を通知する貼り紙（松本氏提供）

は「わかりました。首根っこをつかまえてやらせるわけにはいかない」と話したので、了解されたものと松本は考えていた。だが、DMはその日のうちに飛んできて「24時間営業の中止は基本契約に違反する」として、ZM（ゾーン・マネージャー＝DMの一つ上の役職。関西ゾーンを統括）の名義で時短営業を続けるなら契約解除することを明記した「通知書」を手渡した。松本は、「わかった」と言ったDMに詰め寄ったが、DMは文書による合意がない限り、時短営業は認められないことが契約書で定められ、口頭の約束では不可能だと主張した。

DMと言い争っても埒が明かないと考えた松本は、打開策を求めて2月7日、セブンの地区本部でZMに面会した。ところが、ZMは金額を口には出さず、「1700」と書いたノートを示し、契約解除なら1700万円の違約金が発生するが、合意解約なら違約金は不要であり、どちらを選ぶか1週間以内に決めるよう迫った。この話は、マスコミ報道で24時間営業が問題視されたことによって、うやむやに終わったが、違約金はそれほど高額ということであり、実際、セブンは本訴で

1450万円を請求している。

松本がセブン本部と締結した基本契約書は、営業時間について次のように定めている。「全期間を通じ、年中無休で、連日少なくとも午前7時から午後11時まで、開店し、営業を行うものとする」(第23条)。ただし、付属契約書ではこの規定に第2項を追加し「今日の実情に合わせ、加盟店契約の全期間を通じ、年中無休で、連日24時間開店し、営業を実施する」として、セブン本部の許諾を受けて、文書による特別の合意をしない限り、24時間未満の開店営業は認められないと明記している。

こんな契約を強いるのなら、セブン-イレブンはその社名を「オールタイム」にでも変えるべきだが、この付属契約書第23条2項こそがコンビニ加盟店オーナーとその家族に過重労働をもたらす元凶であった。

当たり前のことだが、深夜時間帯は売り上げが激減する。しかし、夜間のスタッフには最低25%の割増賃金を払わねばならず、利益を出そうとすればオーナーや家族が深夜の店頭に立つしかない。アルバイトを雇おうとしても、最低賃金すれすれの時給に多少の割増手当を加える程度の待遇では、いまや深夜の働き手を確保することはほとんど不可能に近い。どちらにせよ、オーナーが家族ぐるみで昼夜を問わず働かざるを得ないのである。

深夜営業をやめたら利益は大幅アップ

松本の店の場合、午前1~6時の利用客はせいぜい20~30人で、平均的な売り上げは2万円~3万円ほどだった。この金額から本部のチャージなどを差し引くと2400円〜3600円程度が残るに過ぎないから、夜間の人件費2人分（1万2000〜1万4000円）を支払うと完全な赤字である。ところが、松本が時短に踏み切った19年2月の売り上げは、前年2月の約1600万円から約1500万円に落ち込んだにもかかわらず、夜間の人件費が大きく減ったため、利益は逆に約40万円増えた。

立地や競合店の状況にもよるが、ほとんどの加盟店で深夜時間帯は赤字である。それなのに、コンビニ本部が加盟店に24時間営業を強要する理由は何なのか。セブン－イレブン社長の発言などを要約すると、夜間に商品を配送することによって品揃えが豊かになり朝昼晩の売り上げも増える（販売の機会ロスが起きない）、防犯・防災など社会インフラとしての役割を担っている、といった理屈のようだ。だが、いちばんの動機は、売り上げがある限りは本部の取り分（上納金）を確保できるという日銭勘定だろう。夜間には最低25％増となる人件費を本部は一切負担せず、店の経費としてもカウントされない。このため、もしすべての加盟店が午前1時から6時の深夜営業を中止した場合、本部は一晩当たり1億円以上の利益を失うことになる。なぜなら、この時間帯の一店当たりの売り上げが平均3万円とすれば、粗利（売上マイナス仕入値）はその約30％の9000円であり、この粗利から6割を上納金として吸い上げれば本部の取り分は平均5400円、これが2万店分以上あるのだから優に1億円を超えるわけだ。だから何としてでも本部は時短営業を抑えたいのである。

セブン本部が2月1日付で松本に手渡した「通知書」には、営業時間の変更が契約違反であることとあわせ、第2項で「接客態度」に問題があるとつけ加えられていた。具体的には、2016〜18年の3年間で各56〜70件の苦情が「お客様相談室」に寄せられているとし、是正を誓約しなければ「信頼関係が破綻していると判断し、加盟店契約を解除せざるを得ない」と警告した。

これまで本部は、接客態度が悪ければ契約解除になりうる、と説明したことはなく、この第2項は松本には驚きの主張だった。開店以降、本部に寄せられた客の苦情については担当社員と対応を相談し、ほとんど問題にされることはなかったからだ。しかし、セブン‐イレブンは松本との訴訟が始まると第1項の時短営業には一切触れなくなり、第2項の接客態度だけをことさら強調することになる。

その理由は、時短営業をめぐるマスメディア、公正取引委員会、経済産業省などの動きを時系列でたどれば明らかである。

第3章　時短営業への挑戦と支援の広がり

松本の時短営業に対し、セブン本部が契約解除などを通告した事実を最初に報道したのは、「弁護士ドットコムニュース」である。２０１９年2月19日18時11分にネット上に配信された記事は、「セブンオーナー『過労死寸前』で時短営業……『契約解除』『１７００万円支払い』迫られる」という見出しで、紛争の経過と背景、双方の主張などを詳しく報じ、コンビニの24時間営業がそれほど必要なのか、疑問を投げかける要旨となっていた。どのメディアもまだ知らない、一種のスクープだ。

この一報の翌日から松本の店舗にはほとんどすべての新聞、放送、通信社の記者、カメラマンらが殺到した。24時間営業を独断でやめたオーナーなど前代未聞であり、松本の〝一揆〟は大きな事件だったからである。あまりに反響が大きく、取材に応えるのが仕事のようになった松本は、弁護士ドットコムの報道は「神の導きか」と思ったという。

当時のマスコミの論調を紹介しよう。

マスコミ報道で「24時間営業」は社会問題に

朝日新聞は2月21日、「セブン『24時間』巡り対立」の見出しで第一報を3段記事で速報。これに続き2月28日には、7段のスペースに「24時間　店やれますか」と掲げ、松本オーナーとコンビニ加盟店ユニオンがセブン本部に団体交渉を求めたことをはじめ、各地の加盟店オーナーの苦境、深刻化する人手不足の実態などを詳しく紹介した。さらに3月3日付の社説では「コンビニ24時間／変化を直視し改革を」と題し、コンビニ各社に深夜営業の見直しを求めた。

24時間営業の見直しを求める社説は3月上旬、朝日に限らず新聞各紙に相次いで掲載された。「コンビニ店主の悲鳴　一律24時間は見直す時だ」(毎日新聞3月5日)、「コンビニ24時間／便利さの裏に過酷労働が」(神戸新聞3月5日)、「24時間営業　現場まかせでは立ち行かぬ」(産経新聞3月10日)といった具合である。

セブン本部が時短営業を理由とした松本への契約解除通告を撤回したのは、こうした報道から間もない19年3月11日である。このままでは24時間営業の過酷な実態に社会の耳目が集まり、形勢不利と判断したのだろう。ただし、本部はこの日、時短とは別問題の「接客態度」を理由に契約解除を検討する可能性がある、と松本に伝えている。松本を排除するための次の一手は、このときひそかに準備されていた。

NHKは19年4月10日夜の「クローズアップ現代」で、「密着！コンビニ24時／便利さの裏で何が？」と題する番組を放送した。

この企画では兵庫県のファミリーマート加盟店オーナーが、午前7時過ぎから午後5時前まで昼食抜きで店内を走り回った後、再び午後11時から翌日昼過ぎまで合計23時間働かざるを得ない姿を描いたうえで、彼の月平均の労働時間は過労死ライン(月240時間)を大きく超える346時間に達するにもかかわらず、年収は約295万円という驚くべき現実を提示する。そして、コンビニはなぜ24時間営業にこだわるのか、という記者の質問に対して、取材に応じた本部社員（匿名）はこう答えている。「本部に入るロイヤルティ（上納金）を重視しているから、1時間でも長く営業する必要がある。時短したいというオーナーには、次の契約更新にかかわると脅している」

こうした報道が重なり、世論は「コンビニの24時間営業は見直すべきだ」という意見に急速に傾いていった。たとえば読売新聞が同年5月12日に掲載したオピニオン特集では、「24時間眠らない街は人間社会に必要だろうか」（飲食店経営）、「地域ごとに1店のみを24時間営業とし、あとは時短営業を認めたらどうか」（教員）、「（松本）店長の勇気ある決断を賞賛したい」（ケアマネージャー）など、24時間営業に否定的な意見がすべてを占めた。

地方紙もコンビニ問題を積極的に取り上げ、地元のセブン、ローソン、ファミマの加盟店オーナーの苦難を伝えた。「福井のような地方では深夜の客が少ない。時短営業を認めてほしい」（中日新聞6月1日）、「募集しても本当に人が集まらない」「かつては今の倍近い売り上げがあったが、近くに同じセブンの出店が相次ぎ（半分に）下がった。深夜営業を続けると不採算になる」（京都新聞5月31日）といった具合である。

新聞、テレビにとってコンビニ大手は大スポンサーであり、本来、セブン‐イレブン批判などはやりたくないテーマである。にもかかわらず、多くのマスメディアが24時間営業問題に突っ込んだのは、松本の言動を無視できず、取り上げるからには背景を分析せざるを得なかったからだろう。各社が足並みをそろえた結果、スポンサーを忖度しないキャンペーンも可能になった。

松本の時短営業が報道されると、オーナーとその家族、従業員、配送ドライバーなど全国のコンビニ関係者から「自分も死にそうだ」「よくやった」といった激励、共感の声が松本に寄せられた。「どうしたらマスコミに取り上げてもらえるのか」という相談もあった。手紙や電話による励ましは加盟チェーンを問わず300件を超え、遠く鹿児島や広島などから直接来店するオーナーもいた。

1本のルポが波紋を広げ、人々を動かす

コンビニオーナーたちの非人間的な労働実態を知らせる報道は年を越えても続き、「限界／コンビニの今」(毎日新聞20年2月6〜8日)など、各メディアは競うように大型の連載企画を組んだ。

そんな報道の中でも、とくに出色だったのはジャーナリストの斎藤貴男が月刊誌『世界』(岩波書店)の2020年1〜2月号に連載したルポルタージュだろう。「コンビニ絶望経営」と題した上下2回のその記事は、セブン‐イレブン東日本橋1丁目店(東京都中央区)のオーナー店長だった斎藤敏雄さん一家の悲劇を生々しく紹介し、多くの読者に衝撃を与えた。

それによると、都心の一等地にある斎藤さんの店は開店から1年余りで繁盛するようになり、道路を隔てた向かいのローソンを閉店に追い込んだ。ところが、本部はその元ローソンの空き地に同じセブンの店をオープンさせ、双方を競合させた。斎藤夫妻の店の売り上げは月間2000万円から1500〜1800万円の水準に急落。赤字の月もあるため、人件費を抑えようと、大学受験を控

えた高校生の長男が夜のシフトに入り、次男も放課後に働いた。だが、斎藤さんが多額の借金を重ねていたことなどが発覚し、家族関係は悪化。進学を断念した長男は過労で痩せ衰え、絶望して２０１４年9月に自殺してしまう。19歳だった。

気が弱く、持病の多かった斎藤さん本人も、セブン本部から閉店を通知された前後の２０１９年2月、北海道に失踪して警察に保護されたあげく、同年7月、千葉県のアパートの一室で遺体となって発見された。病死だったが、満身創痍の最期（享年60）だった。

セブン本部のドミナント戦略（集中出店）によって長男と夫を失った妻の政代さんは都内で記者会見を開き、泣きながら「セブン－イレブンは血も涙もない会社」だと訴えた。しかし、大きく報じたマスメディアはなかったという。（NHKはこれに先立つ4月17日、ニュースウオッチ9でコンビニオーナー特集を組み、松本実敏の妻の逝去とあわせて斎藤政代さんの長男の自殺を実名報道し、遺族二人の声を紹介している）

月刊誌『世界』に掲載された斎藤貴男のルポは、この一家の悲惨な顚末を詳報した1月号に続き、2月号では加盟店搾取のもう一つの実例として松本の経験を取り上げ、家族もろとも疲弊するコンビニオーナーの実像と、それを規制できない法律の限界に迫っていた。

この記事に触発され、行動を起こした男が大阪にいた。のちに「セブン－イレブン松本さんを支援する会」を旗揚げする小林康二である。

小林は長く労働組合の委員長を務めた後、50代半ばで落語作家に転じた変わり種ながら、親分肌の社会活動家として地元では名が知られている。困っている者がいると黙っておれない性分なのか、組合役員退任後も創作落語の執筆のかたわら、ホームレスや過労死遺族たちを支援する活動に取り組んでいた。

家族会議を開いた小林は20年1月4日、一家のカンパを持参して閉店セール中の東大阪の店舗を長女・由香子とともに訪れ、初めて松本に面会した。カンパ袋には5万円が包まれていた。想定外の金額をあとで知った松本は驚いて、翌日に電話し、感謝の気持ちを改めて小林に伝えた。小林は「どんなことでも頼って欲しい」と答えた。二人のつきあいは、そうして始まった。

その当時、小林はコンビニオーナーたちの境遇について、友人たちを集めて次のように語り、協力を求めている。

「労働基準法で労働時間が厳しく制限され、人権を保護されている労働者と違って、コンビニオーナーと家族はフランチャイズ契約にしばられ、無制限の長時間過重労働を強いられている。こんな仕事はやめたいと思っても高額の違約金を請求されるから、撤退して転職する自由もない。しかも独立自営業者とは名ばかりで、商品をどこからいくらで仕入れ、いくらで売るかの自由もない。与えられた裁量権は、従業員の労働条件の決定と採用に関することだけだ。彼らが人たるに値する生活をおくるには、オーナーと家族の労働時間を規制する法律が必要だと思う。松本さんを支援する運動を通じて、立法化の機運を広げたい」

小林は労働組合活動家としての長いキャリアを通じて労働法に精通しており、コンビニオーナーたちにも労働者保護法に準ずる権利を本部が保障すべきだと考えていた。その参考として、後に彼が支援者らに配った「労働者を保護する法律」の一覧表には、労働時間をはじめ時間外労働、休憩、休日、有給休暇、健康保険、厚生年金、労災補償、雇用保険、過労死認定など12項目についての労働者の権利が詳細に説明されていた。

松本は20年1月6日、加盟店主としての地位確認を求める仮処分を大阪地裁に申し立て、一方のセブン本部も同日、店舗明け渡しの仮処分を申請した。大阪地裁はこの仮処分訴訟で、セブン側による解決金1000万円の支払いを提案して、双方に和解を打診した。松本はこれに対し、「これは私一人のカネの問題ではなく、全国のコンビニオーナーの労働環境に影響する道徳（モラル）の問題だ」と述べ、これを拒否している。本訴になり、裁判が長期化するのは確実だった。

小林は、裁判闘争を勝ち抜くには、強力な弁護団と支援共闘会議が不可欠と考え、準備を始めた。

二つのコンビニ・ユニオンが支援

時間は前後するが、松本の時短営業に対しては各地のオーナーらでつくるコンビニ加盟店ユニオンが、いち早く支援の声を上げている。

19年2月27日にはセブン本部の古谷一樹社長（当時）に団体交渉を申しれ、その中で「契約の運用実態が、何が何でも24時間営業を続けなければならないという非人間的なものであるならば、それはもはや公序良俗に反して契約自体が無効であると判断されるべき」だと主張した。松本とともに都内で記者会見した同ユニオンの酒井孝典委員長は「人の命を大事にするのか、チェーンのイメージを大切にするのか、本部は真剣に考えてほしい」と訴えた。
コンビニ加盟店ユニオンについては説明が必要だろう。

同ユニオンは2009年8月、ドミナント出店や見切り販売の妨害などに反発するセブン、ファミマなど約20店のオーナーらによって結成された（現在約150店舗加盟）。問題解決のためには本部との団体交渉が不可欠と考え、労使紛争の調停機関である労働委員会に加盟店オーナーを労働組合法上の労働者として認めるよう申し立てた。労働者と認定されれば、労組法7条に定めた団体交渉権が保障され、本部は団交を拒否できなくなるからだ。

これに対し、岡山、東京の各労働委員会は「コンビニ加盟店オーナーは労働者である」と認め、同ユニオンなどに団体交渉権が与えられた。しかし、セブン本部などに再審査を求められた中央労働委員会は19年3月、店主は独立事業主であり労働者ではないと判断し、同ユニオンの団体交渉権を認めなかった。

ユニオン側はこの中労委決定の取り消しを求めて行政訴訟を起こしたが、東京地裁は22年6月、「店主は従業員の採用や労働条件、商品仕入れなど重要事項を決定し、独立の事業者と評価するにふさわしい裁量権をもつ」として、オーナーの労務提供はセブンの指揮命令に基づくものではなく、店主らは労働者には当たらないと結論づけた。東京高裁もこの判決を支持し、最高裁が23年7月、ユニオン側の上告を受理しないと決定したため、一、二審判決が確定した。コンビニ本部の団体交渉拒否に司法がお墨付きを与えたわけだが、ユニオン側は今も話し合いによる紛争解決をめざしている。

一方、セブン本部の社員や一部オーナーなどコンビニ関連労働者たちでつくるコンビニ関連ユニオン（本部・長野県、19年7月結成）は、労組法上の労働組合として団体交渉権が認められており、セブン本部に「24時間営業の強制廃止」を求め続けている。セブン側は「24時間営業は経営事項であり、義務的団交事項ではない」として、交渉を事実上拒んでいたが、長野県労働委員会が23年1月、これを不当労働行為と認定したため、本部は24時間営業問題での団交を拒否できない状態になった。（その後、本部の申し立てによって中労委で再審査中）

同ユニオンの河野正史委員長、鎌倉玲司書記長らは、松本の時短裁判の傍聴のために長野県千曲市から大阪地裁まで毎回欠かさず駆けつけ、松本や支援者たちを励ました。またユニオンのホームページでは口頭弁論や証人尋問の模様を詳細にレポートするとともに、松本本人を招いて東京、京都など各地で報告集会を開いている。

またコンビニ関連ユニオンは、東京のセブン－イレブン東日本橋1丁目店のオーナーが亡くなったことを受け、19年7月から月命日に店舗前に花を手向けるとともに、オーナーや組合員を募って公正取引委員会を訪ね、係官と面接して、本部の「優越的地位の乱用」に関する具体的問題を指摘し、対処を求め続けた。

松本はこれらのユニオンに加入していなかったが、一致する目標で共闘をすすめる立場だった。

コンビニ本部に忖度するメディアも

松本の時短営業に対するセブン本部の仕打ちは、ニューヨークタイムスも19年12月と20年6月の2回にわたって詳しくとりあげ、発祥の地・アメリカから日本に輸入されたセブン－イレブンが、この国では過労死につながりかねない過酷な業態に変貌している、と批判的に報道した。日本の正月、欧米ではクリスマスという国民最大の祝祭日さえ休めないセブン－イレブン商法は、海外でも強く警戒された。

とはいえ、マスコミのすべてがコンビニの24時間営業の問題点に正面から向き合ったわけではない。テレビ放送の一部、例えばフジ系列の「とくダネ！」（19年2月21日放送）は、24時間営業がフランチャイズ契約で義務づけられており、松本の主張は通りにくいという業界団体（日本フランチャイズチェーン協会）の「専門家」による解釈を語らせ、司会の小倉智昭、コメンテーターの三浦瑠璃らがこれを無条件に肯定し、「勝手に時短してはならない」「違約金が発生する」などと決めつけた。たとえ契約に定められていようと、人たるに値する生活を保障された人たちに死ぬほど働かせることが許されるのか、という問題の本質を完全に無視する一方的な決めつけだった。

また週刊誌などの雑誌は、松本とセブン本部との対立をほとんど取り上げなかった。『AERA』（朝日新聞出版）はこの当時（19～20年）、セブン加盟店オーナー家族と従業員の「活躍」ぶりを毎号カラー4ページで紹介する派手な広告記事を連載していた。カネと引き換えに数十回にわたって紙面を提供し、本部のオーナー募集に協力していたことになる。効果のほどはともかく、これではセブン批判の記事を掲載できるわけがない。当時、この広告が『ＡＥＲＡ』に載らなかったのは「セブンが残業代未払い4億9千万円分／ミスではなく『違反』だ」という、朝日新聞編集委員による2ページの批判記事が出た19年12月23日号だけである。この号のみ広告掲載を見合わせたのは、編集部のセブンへの忖度をかえって疑わせた。

広告収入にがんじがらめになっていた『ＡＥＲＡ』は措くとしても、かの『週刊文春』をはじめ大半の週刊誌がセブン批判に及び腰だったのは、駅のキヨスクや町の本屋が年々減少し、今やコンビニが週刊誌の最大の販売ルートになってしまったからだ。事情通によると、配本を拒否されないよう、コンビニ批判はまかりならん、というのがこの業界の常識なのだという。硬派の『世界』『週刊金曜日』などごく少数の例外を除き、雑誌ジャーナリズムの衰退はこんなコンビニタブーにも表れていた。

第4章　規制に動き出した公取委、経産省だが

営業時間短縮を実行し、セブン本部と対立した松本の訴えが共産党議員によって国会で取り上げられたことを受け、公正取引委員会（以下公取委）は19年10月から20年8月にかけて、本部による独占禁止法上の問題行為がないか、コンビニの実態調査を実施した。調査は大手8社の約5万8000店にアンケートで最大129項目の質問を行うという詳細なもので、約1万2000店から回答を得た（回答率21％）。コンビニの実態を知るには格好のデータなので少し詳しく紹介しよう。

加盟店の7割が時短営業を希望

公取委が20年9月に公表した調査報告書によると、店主の個人資産額は「債務超過状態」が17・3％、「500万円未満」が43・5％と約6割が厳しい状況にあり、コンビニの倒産・休廃業は直近10年間で約3・5倍に拡大していた（年間91件→316件）。しかもオーナーは、1週間に平均6・3日も店頭業務に立ち、1年間の平均休暇日数は21・3日（月1・8日）に過ぎない。年間の休みが「10日以下」の店主は63・2％を占め、62・6％が週に7日働いていた。

人手不足などを背景に、多くのオーナーがほとんど休まず店頭に立ち続けているのに、経営状況は「あまり順調ではない」（28・3％）、「まったく順調ではない」（16・4％）で合計44・7％、「順調であ

る」は25・7％の少数だった。

焦点の「年中無休・24時間営業」については、「続けたい」が33・2％にとどまる一方、「時短営業に切り替えたい」との回答は「一時的」「実験で」とあわせ7割近くに達した。時短営業を希望する理由（複数回答）としては「人手不足」（93・5％）、「深夜帯は赤字」（77・1％）が目立った。また時短に関して本部が「交渉に応じていない（交渉自体を拒否している）」との回答が8・7％あった。

このため公取委は「脱24時間営業のニーズは高まっている」として、店主に配慮した丁寧な対応が必要と強調。加盟店オーナーが時短営業を希望しているにもかかわらず、本部が話し合いに応じず、一方的にこれを拒否した場合は、独占禁止法で禁じられた優越的地位の乱用に当たりうると警告した。

調査では近隣地域への大量出店（ドミナント）をめぐり、近くに同じチェーン店を出店する際の配慮などが「なかった」とする回答は62・3％に上った。公取委は「出店については既存店に配慮する」と本部が店主に説明していたのに、支援を行わなかったり、一方的な出店をしたりすれば、これも優越的地位の乱用にあたると指摘した。

また商品の仕入れでは「意に反して仕入れている商品がある」と答えた店主は51・1％、「必要以上の数量を強要された」は47・5％あり、本部社員に「無断で発注された」も44・6％を占めた。店主が恵方巻やおでんなど意に反した商品を仕入れる理由としては、「契約を更新しない」などと脅されたからという報告も多数寄せられており、公取委は返品できない商品の数量を本部が強制することは優越的地位の乱用の恐れがある、としている。

公取委はこれらの調査結果を発表した際、「本部と加盟店との取引には、今なお取り組むべき多くの課題がある」として、新しい考え方を基にフランチャイズ契約に関するガイドライン（指針）を見直す方針を明らかにした。具体的には、24時間営業の強制、無断発注、集中出店など重要課題について独禁法に触れる事例を明示すべく、21年1月以降にパブリックコメントを募集したうえ、春ごろに成案を公表するという段取りであった。また大手8社に対して状況の改善を求め、11月末をめどに報告するよう求めた。

「独禁法違反」の警鐘を鳴らすだけ？

公取委の実態調査とガイドライン改定案は、明らかに松本の時短営業がきっかけであり、コンビニ業界の負の構造にかなり踏み込んだように見える。しかしその内容は、例えば24時間営業問題では本部が加盟店との話し合いさえ行えば、時短営業を拒否しても独禁法違反にはならず、ドミナント出店でも本部が加盟店の売上高減少を補填する義務はないなど、オーナー救済の実効性には大いに疑問が残るものであった。そこで20年5月に発足した「セブン－イレブン松本さんを支援する会」は21年1月29日、公取委のパブリックコメントに応募し、次のような補強意見を提出した。

1、年中無休・24時間営業の転換措置を

公取委の指針改正案は、時短営業を望むオーナーとの協議を本部が拒否した場合、独禁法の禁じる

「優越的地位の乱用」に当たると指摘しましたが、時短営業に移行すると本部に支払う上納金（ロイヤルティ）が増額されるなど、実質的に時短を妨害している現状には何も触れていません。このような本部の不当な対応を許さず、店主たちが労働基準法に準じた休日・休息を確保できるよう、必要な措置を講じるべきです。

2、不当なコンビニ会計を放置するな

改正案は、本部社員による商品の無断発注を独禁法の違反事例になると指摘し、見切り販売の手続きも簡素化することが望ましいとしつつも、廃棄ロスが多いほど本部が儲かる特異なコンビニ会計には一切踏み込んでいません。これでは無断発注や見切り販売の妨害はなくなりません。高すぎるロイヤルティ比率、仕入れ原価の不開示などを含めてコンビニ会計の問題点を再点検したうえ、現状を打開するために本部とオーナーが集団交渉できる仕組みを提起してください。

3、ドミナントによる減収に補償を

コンビニは飽和状態とされ、既存店の売り上げは10年間にわたりほぼ横ばいかマイナスで、加盟店の収支は5年前と比較して約25％減少し、経営状態について半数弱の加盟店が順調でないと回答している実態があります。「一般論として、本部がどのような場所に新しい店舗を出店するかは原則として自由」（公取委）であるとしても、上記のような加盟店の状況においては、事前の取り決めの有無にかかわらず、ドミナント（近隣地への集中出店）の強行は加盟店に対して「正常な商習慣に照らして不当に不利益を与える」ものであり、優越的地位の乱用に該当します。ドミナントによって既存店が損害を受けた場合、事前の取り決めの有無にかかわらず、本部はその損失を補償すべきであり、その旨を指針において明確にするべきです。

4、ガイドライン改正の検討過程を公開せよ

公取委は今回の改正案を検討した議事録を一切公開せず、有識者からのヒアリング内容や名簿も公開していません。検討過程の妥当性を検証するためには情報公開が不可欠です。本部優遇の密室審議という疑いを招くことのないよう、改正作業の過程はただちに透明化してください。

結論から言えば、この補強意見の1～3は公取委が21年4月28日に改定した新ガイドラインには一切反映されず、4も配慮されることはなかった。とりわけ4の情報公開請求への公取委の後ろ向きの姿勢は、加盟店救済の本気度が問われるテーマだけに、きわめて深刻な事態と考えられた。筆者は、公取委に議事録や有識者の名簿などの情報公開を求め続けたが、送付された文書はすべてが黒塗りだったのだ。

そこで「支援する会」メンバーで、情報公開法に詳しい元国会議員秘書の岡本隆吉が、筆者の後を継いで公取委にさまざまな文書の開示を求めたところ、この行政委員会は極端な秘密主義に貫かれていることが明確になった。岡本はその実態について「支援する会」ニュース（23年10月5日号）に寄稿し、公取委を厳しく批判した。その要旨は次のとおりである。

情報公開を拒み、秘密主義に徹した公取委

コンビニ加盟店の悲惨な状態は、コンビニ本部の搾取など優越的地位の乱用の結果であることは明らかでした。当時、公取委はガイドライン改正を公表していましたが、この業界でこれまでなぜ独占禁止法が守られなかったのか、公取委はなぜ放置してきたのか、この先どうするつもりなのか、などはまったく不明でした。このため情報公開法を使ってガイドライン改正の実態を少しでも具体的に把握しようと考え、行政がどんな情報を取得し、どのような議論を行っているのか、全体像を確認すべくさまざまな文書を開示請求しました。

しかし、開示された文書はほとんど黒塗りであり、意思形成の過程をうかがい知ることはできませんでした。不開示とした理由は、国民に知らせることで公正な行政が損なわれるというもので、情報公開法の本旨に反する秘密主義に貫かれていました。行政に対する国民の評価を得るために制定された情報公開法は、公正取引委員会において骨抜きにされた状態なのです。

公開請求した文書と結果（黒塗り部分など）は次のとおりです。

①20年10月7日の取引部長説明＝ガイドライン改正の方向性を報告。1時間15分。↓説明メモ6ページのうち議論の大要5ページ半が黒塗り。

②10月13日の有識者ヒアリング＝「フランチャイズ契約の実務に精通している弁護士」への聞き取り。1時間30分。↓ヒアリングメモ8ページのうち大要7ページ半が黒塗り。メモに添付の資料6

ページも全黒塗り。

③10月16日の有識者ヒアリング＝「フランチャイズ契約の諸問題に詳しい経済法学者」への聞き取り。1時間20分。↓ヒアリングメモ5ページのうち大要4ページ半は黒塗り。

④10月30日の取引部長説明＝前回部長説明での議論・有識者ヒアリングをふまえ修正した改正案などを説明。↓説明メモ7ページのうち大要6ページ半は黒塗り。

⑤12月4日の取引部長説明↓メモ作成せず。

⑥12月9日の総長説明↓メモ作成せず。

⑦21年1月14日の委員会＝公取委の原案を委員5名に説明。19分間。↓委員会議事録2ページのうち審議状況を記載した4行は黒塗り。

以上のようにほとんど黒塗りとした公取委の秘密主義には度し難いものがありますが、これとは別にとくに問題にしたいことが2点あります。

それは第一に、②と③の「有識者ヒアリング」の内容を非公開とした理由について「情報を公にすることを有識者に事前に説明しておらず、情報が公にされれば今後、外部有識者が率直な意見表明を躊躇するなど、協力を得ることが困難になるため」としていることです。常識的に考えて、市民に聞かれたくないような発言をする「有識者」の意見を行政が取り入れる必要があるのでしょうか？

第二には、⑤取引部長説明、⑥総長説明について公取委が記録を残さなかったことです。これらは「打ち合わせ等」に該当し、記録文書を作成するものと規定されており、（私の異議申し立てに対して）

情報公開審査会も問題視し、公取委に補足説明を求めました。また開示請求された文書の不存在について理由を付記しないことは、行政手続法8条1項の趣旨に照らして不適切とも指摘しました。

公正取引委員会は、意思形成過程を市民に開示しないだけでなく、市民に知られたくない「有識者」の発言を重用し、ガイドライン改定案について担当部長と総長から決済を受ける場の議事録さえ残していませんでした。これでは市民の常識が反映されるような公取委にはならないし、コンビニ本部の横暴を取り締まることは期待できません。


公取委の新しいガイドラインをどう評価するべきか、それは岡本のこの報告文が語り尽くしているだろう。

「加盟店優先」を唱えた経産省の思惑

松本の時短営業がマスメディアに大きく報じられ、コンビニ問題が改めて顕在化したことを受けて、経済産業省は19年6月、大学教授ら有識者16名による「新たなコンビニ検討委員会」を設置した。同委員会は計5回の検討会と並行して東京、大阪、名古屋、広島、福岡、札幌など全国8都市のコンビニオーナー120人からヒアリングを行ったうえ、20年2月に報告書をとりまとめた。

発表された報告書は、人口減社会、売り上げの頭打ち、人件費高騰などの環境変化の中でコンビニ加盟店の経営は苦しくなっているのに、本部はこの危機を的確にとらえていないと指摘。コンビニの持続的発展には「加盟店優先、オーナー重視の視点からのビジネスモデルの再構築」が必要として、24時間営業、休日のあり方など店舗運営に関しては「加盟店の実情に応じた柔軟な対応」、つまりオーナーの裁量権を認める方向で検討するべきだ、と要請した。またロイヤルティ問題ではとくにオーナーの不満が強いとし、利益配分のあり方への説明責任を果たすこと、それでも納得されないなら廃棄ロスや人材コストなどに応じた「適切な（契約の）あり方」が検討されるべきだ、と提起した。さらに加盟店と本部とに意見の相違がある場合は、裁判外の紛争解決手続き機関の設置を検討するよう求めた。

これらの提言が実行されるなら、本部一人勝ちのコンビニ商法は大きな転換期を迎える可能性がある。だが、本部にはこの報告書の内容に従うべき法的な義務はなく、経産省の行政指導（圧力?）にとどまる懸念はぬぐえない。

そもそも経産省がこの時期に検討委員会を発足させたのは、加盟店の過酷な環境を放置すればコンビニの持続的発展は難しくなり、コンビニが「社会インフラ」としての役割を果たせなくなる、と懸念したからだろう。経産省はコンビニを「社会インフラ」と位置づける報告書を2015年にまとめ、加盟店に公共サービスなどを代行させ、経済活性化につなげる考えを明らかにしていた。その「国策」が破綻しかねない事態だけは、何としても避けたかったに違いない。

だが、経産省などが強調する「社会インフラ」論に対しては、先述の検討委員会ヒアリングにおいて、多くのオーナーたちが「それは市役所や銀行、警察などの仕事であって、私たちはボランティアではない」「インフラというなら助成金を出してもらいたい」といった批判の声を上げている。そして、高すぎる本部チャージ（上納金）比率やドミナント（集中出店）戦略による競争激化、24時間365日営業に伴う過重労働、人手不足、廃棄ロスなどが改善されなければコンビニ店舗の持続的発展など不可能だとする意見が相次いだ。

大きな力を背景に、加盟店を屈服させてきたコンビニ本部を真に改心させるには、実効性のある法律、日本弁護士連合会（日弁連）が提案する「フランチャイズ規制法」が必要ということだろう。

日弁連「フランチャイズ適正化法案」の画期的提案

日弁連は21年10月19日、「フランチャイズ取引の適正化に関する法律制定を求める意見書」を発表し、翌20日付で経済産業省と公正取引委員会に提出した。

日弁連はその意見書の中で、「本部が契約条項を根拠に、24時間無休営業を加盟者に要求することが多く、東大阪の加盟者が、配偶者が亡くなったことによる人手不足のために24時間営業をやめた後に契約解除された事件や、東京の東日本橋の加盟者が本部によるドミナント出店を受けて失踪した事件などが起きており、加盟者や家族の過酷な労働状況が社会的に重大な人権問題として把握されている、と指摘。こうした紛争が多発しているにもかかわらず、行政の対応が不十分であるのは、フランチャイズ取引を実効的に適正化する法律が存在しないからだ、として一刻も早い法律の制定を求めている。

そのうえで、「悪質なフランチャイズ本部を排除する」ためには、本部に「客観的かつ正確な情報提供の義務」があることを法律で明文化し、加盟者に一方的に不利益な営業時間を求める条項、過大なロイヤルティを定める条項、正当な理由のない契約の中途解約または更新拒絶などは、法律で無効とすることを要求し、本部の「優越的地位の乱用」をこれ以上放置しない姿勢を明確にした。

また本部と対等な交渉力を加盟者に確保する必要があるとして、法案では加盟者たちの団体設立、団体加入を本部は妨害してはならず、誠実に交渉に応じることを本部に義務づけることを求めている。これは中労委や裁判所が認めなかった加盟店の団体交渉権を実質的に保障し、オーナーと家族を準労働者として扱うことにつながる画期的な提案といえる。

日弁連の法案はこのほか、本部が情報提供義務に違反した場合は、経済産業省が指示、是正措置命令、業務停止命令など行政措置を採ることとし、これに従わない場合は公表や罰則を科すことができるようにすること、さらに公正取引委員会が「優越的地位の乱用」に当たると例示した行為（取引先の制限、仕入量数の強制、見切り販売の制限、営業時間短縮に関する協議拒否、事前の取り決めに反するドミナント出店など）をすべて禁止行為とし、本部がこれらに違反した場合は、公取委が是正措置命令、業務停止命令などの行政措置を採り、これに従わないときは公表や罰則を科するよう求めた。

意見書の記述にあるとおり、松本の時短営業は日弁連が「フランチャイズ取引適正化法案」を提起する一つのきっかけになったのである。

第5章　世論の批判で態度一変、セブンが店舗を盗撮

セブン－イレブン本部が、時短営業に踏み切った松本に対して契約解除を通告した理由は時間の経過とともに変遷し、当初の「24時間営業を定めた加盟店契約に違反する」（19年2月1日通知書）から、最終的には「異常な顧客対応」（20年1月6日仮処分申請書）へと大転換する。その背景は第3章で見たとおり、加盟店への24時間営業の強制がマスコミや世論の強い批判を浴びたからであった。それにしてもセブン本部は、いつから、どのように戦略転換をすすめたのか、その動機と手法などを後に判明した事実も織り交ぜて時系列で検証してみたい。

2019年2月1日、松本が午前1時から午前6時までの時間帯を閉店した当日、担当のDM（ディストリクト・マネージャー）山本幸弘が夕刻に持参した通知書には、時短営業を継続した場合は契約を解除する意思を明確に示す一方、接客態度については是正などの誓約を求めるにとどまり、契約解除の主眼は明らかに時短営業にあった。その際、「お客様相談室」に寄せられた松本の店への苦情として挙げた件数は、2016年度56件、2017年度70件、2018年度56件の合計182件。このうち具体的な内容として記述されていたのは、16年1月27日（トイレ使用）、同2月15日（商品接触）、同2月23日（接客態度）の3件だけで、どれも約3年前の苦情であった。

松本が開店した2012年2月24日から約7年間、店舗担当のOFC（オペレーション・フィールド・

カウンセラー）が来店して、利用客の苦情があったと報告することは年に数回あったが、松本が監視カメラの映像を見せるなどして事情を説明すると、まれに「言葉遣いには気をつけましょう」と助言される程度で、客側にカスハラ的な要素が多々あると見受けられたこともあって、接客対応の是正を求められるようなことはなく、ましてや強く改善を指導されたことは一度もなかった。また苦情を理由に契約解除がありうるという説明をされたこともなかった。

にもかかわらず、約3年も前の苦情を突然持ち出したのは、セブン本部が二段構えで契約解除の理由を準備していたからだろう。利用客のクレームが、反抗的なオーナーを排除するための口実になるのなら、苦情のない加盟店など存在しないのだから、コンビニ本部はやりたい放題である。

同年2月7日、地区事務所での話し合いが行われ、ZM（ゾーン・マネージャー）の嵐陽一はお互いの合意解約でなければ1700万円の違約金が発生すると松本を脅した。自主的に店をやめるか、契約解除となって1700万円支払うか、どちらか決めろ、というわけだ。この段階では態度横柄で、合意解約するなら1700万円の違約金は許してやる、という主張であった。

2月13日、松本はZMに書面で回答し、「このままでは私が過労死するか、深夜営業を短縮するか、どちらかしか選択肢がないと判断し」、「店長である私の息子、お店の社員の生命を守るために、やむにやまれず行っていることです。どうぞご理解ください」と申し入れた。

2月19日、第3章記載のとおり、WEB上の弁護士ドットコムニュースが松本とセブン本部の紛争についての記事を配信した。この報道を契機に松本の時短営業はマスコミが大きく取り上げ、セブン本部への批判が広がっていく。

2月27日、松本はセブン本部を訪れ、社長あてに「時短営業の選択制についての要望書」を提出した。その書面では「契約時には昨今の人手不足、最低賃金の高騰は予想できなかった」のだから、「24時間営業の継続が困難な場合は、営業時間の短縮をオーナー自身が選択できるようにすることを要望します」と訴えた。

表向きは時短営業を認め、裏では松本つぶし

3月1日、セブン本部が直営の10店舗で深夜の時短営業の実証実験を3月中旬以降に行う方針を明らかにした。これに対し、コンビニ加盟店ユニオンが翌日、実験の対象にフランチャイズ（FC）店を加えるよう求める談話を発表し、本部との団体交渉を要求した。このためか、セブン本部は5日、FC店を実験対象にする方向になったとコメント。その理由について広報は、直営店だけの実験では十分なデータを得られないという判断に傾いた、と説明した。セブンは全国に2万店以上を展開するが、FC店が98%を占めるのだから、当然の措置だろう。しかし、3月末、加盟店で実験に参加したのは96店にとどまり、国内の0・5%に過ぎなかった。

3月11日、セブン本部のDM山本幸弘が松本の店を訪れ、契約解除を撤回し、違約金も請求しないことを口頭で伝える。その際、DMは「24時間営業をやめているから、という理由一本で契約解除することはなくなったが、接客の問題や従業員の雇用の問題の中で、契約違反に当たるようなことがあ

れば、それは当然別の意味で（契約解除に）当たってくる可能性はゼロとはいえない」と述べた。

4月4日、セブン本部は古屋一樹社長が代表権のない会長となり、永松文彦副社長が社長に昇格する人事を発表した。古屋社長の事実上の更迭は、24時間営業の是非が社会問題化した責任を問われた結果だった。新社長の永松は記者会見で、加盟店に一律に求めてきた24時間営業を店の事情に合わせて柔軟に見直す考えを明らかにした。ただし、同席したセブン＆アイ・ホールディングスの井阪隆一社長は、希望すれば時短営業が可能になる選択制については「24時間営業は根幹だ」と述べ、強く否定した。

この3～4月のセブン本部の動きを要約すると、松本の時短営業をきっかけにコンビニ現場の過酷な実態が知れ渡り、24時間営業の原則にこだわるセブンの姿勢に批判が噴出したため、部分的に時短営業を容認すると表明した、ということになる。ただし、そんなポーズを示す一方で、セブン本部はこれ以降、松本を排除するためにあらゆる可能性を追求している。その事実は、後の裁判における証人尋問やセブン側の証拠書類、関係者の証言などで次第に明らかになる。

松本排除の第一弾は、ドミナント戦略（地域集中出店）による店舗つぶしである。

ドミナントは、同一地域に複数の店舗を出店することによって競合店の出店を抑え、ブランドの知名度を上げつつ、配送コストなども抑えることができるメリットがある、とセブン本部は自画自賛する。しかし、加盟店にとっては同じブランドで客を奪い合い、共食い状態に陥って、最悪の場合は閉店に追い込まれるという深刻なデメリットでしかない。セブン－イレブンは、気に入らない加盟店に対してドミナント戦略を仕掛け、疲弊させることが珍しくない、と指摘されてきた。本部に無断で時短営業に突入し、会社批判を続ける松本の店舗は、セブンにとってはまさにドミナントを通じて閉店に追い込むべき対象であった。ちなみに、なぜオーナー家族を崩壊させるようなドミナント戦略を本部が強行できるかといえば、加盟店契約にそれが許されると明記されているからだ。

念のためにその条文を記載しておこう。第6条（経営の許諾と地域）では、1項で「セブン－イレブン店の経営の許諾は、加盟店の存在する一定の地域を画し、加盟店に排他的、独占的権利を与えたり、固有の営業的地盤を認めたりすることを意味しない」と定め、2項ではさらに「本部は、必要と考えるときはいつでも、加盟店の店舗の所在する同一市・町・村・区内の適当な場所において、新たに別のセブン－イレブン店を開設し、または他の加盟店にセブン－イレブン店の経営をさせることができる」と記載している。要するに、セブン本部は一定のエリア内における加盟店の排他的テリトリーを認めず、いつでも都合のよいとき、都合のよい場所に出店し、客を奪い合わせることが許されますよ、とオーナーに契約で同意させているのである。

この条文にもとづき、セブン本部は2019年6月、松本の店の周辺地域に新たな店舗を出店すべく、複数の地主に交渉を持ちかけていた。しかし、マスコミ報道を通じてセブン－イレブンの経営姿勢に疑問を抱いていた当事者（地主）たちは、だれも敷地を貸さなかった。その事実は、後に地主の一人が松本の店を訪れて「ほかに知り合い3人も打診されたが、みんな断ったよ」と、わざわざ証言してくれたことで明らかになった。

盗撮が始まるや、不可解なクレーマーが続出

ドミナント戦略を断念したセブン本部が、次の一手として本格的に着手したのは、過去の利用客の苦情を掘り起こしつつ、新たなトラブルの証拠を録画・録音でつかむことであった。

当時、セブン-イレブンのZM（ゾーン・マネージャー）であった嵐陽一が、後に大阪地裁に提出した陳述書（2021年9月15日付）には次の記述がある。

「2019年6月3日、私は、当社管理部門の担当者及び山本DMの立ち合いの下で、当社顧問弁護士K（本文実名）の法律事務所で、以下のとおり、松本氏に関する経緯等を相談しました」。そしてその結果、顧問弁護士からは以下の指示があった。「異常な顧客対応が行われている状況を録画または録音した客観的な証拠が必要になると指摘を受けました」「松本氏のツィートについては、（中略）静観を続けるように進言を受けました」「その後、確か7月中旬頃、顧問弁護士から、顧問弁護士が手配した調査会社が、本件店舗正面のマンションの一室を確保（賃借）し、その部屋から、本件店舗駐車場を撮影するなど、調査が始まったことを聞きました」。「また、8月9日頃、私は、顧問弁護士から、7月19日と7月20日の両日、本件店舗駐車場で松本氏とトラブルになった男性顧客1名（ゴミ問題）及び女性顧客2名（近畿大学付属中高校生の母親らの駐車問題）に対する松本氏の異常な各顧客対応（各言動）について、調査会社が各状況を撮影した旨の報告を受けました」

セブン本部が地裁に提出した証拠書類（賃貸借契約書）によると、盗撮のために調査会社の社員Tに

借りさせたマンションの一室は、松本の店舗向かいに建つ鉄筋7階建ての「エクセル上小阪」603号室である。賃貸借契約日は2019年6月6日。3DK（53・30平方メートル）で家賃は5万5000円、共益費8000円、駐車料金9000円の月額合計7万2000円の契約となっている。契約当時の調査員Tの住所は東京都であり、店舗駐車場の盗撮が7月初旬または中旬に始まったとすれば、ほとんど日を置かず、7月19日と20日の2日連続して駐車場で〝トラブル〟が発生し、いずれも録画・録音に成功したというのは、あまりにもタイミングが良すぎはしないか？　しかも不可解なことに、マンションから店舗駐車場までは40メートル以上の距離があるので、会話の録音は不可能なのだが、この両日のクレーマー3人と松本との口論は、映像と音声が現場のすぐそばで記録されていた。つまり、駐車場にいた第三者（調査員）が事件を予知し、録画・録音機持参で待機していたか、騒動に気づいた調査員がマンションの一室から駆け付けたか、どちらかだろう。だが、後者の場合、現場への到着には時間を要し、完全な収録は不可能である。19、20両日の映像と音声は乱れていたが、セブン本部側はそのDVDや反訳を松本の「異常な顧客対応」の証拠として大阪地裁に提出している。

ちなみに、セブン本部は盗撮に関して「当初の短期間、室内または屋外に調査員を配置して、店舗駐車場における被告（松本）の挙動や言動等を動画撮影し、その後は窓を閉め切り、室内に定点観測用のカメラを固定して（中略）動画撮影した」（第1準備書面）と説明している。7月の盗撮開始当初の短期間に限って屋外に調査員を待機させたのは、クレーマー3人によるトラブル発生を知っていたからではないのか。そうでなければ、なぜその後は室内の固定カメラ任せにしたのか、説明がつかないだろう。

このときのクレーマー3人はすべて近畿大学付属高校生の保護者であった。

7月19日、ゴミ問題で騒ぎになった男性Cは、本人の陳述書によると土木建築業（筆者注＝大阪府の登録では解体業）を営み、近大付属高校生である長女の個人面談に赴く妻と長女を学校に送った後、待機のため松本の店に立ち寄ったという。以下は松本と長男（店長）の証言。

午前9時40分ごろ、駐車場にクルマを停めて店内に入ってきた男性（C）が、手に持った紙コップとプラスチック製コップを店内に設置したゴミ箱に捨てようとしたので、店長が「外からの持ち込みゴミはお断りしております。ご協力ください」と注意した。ゴミ箱には「ゴミの持ち込みお断り」の貼り紙もある。しかし、Cはこれを無視してゴミを放り投げ、店を出ようとした。そこで店長は再び、「すみません、ゴミはお断りと言ってますよね」と呼びかけると、Cは「よそのセブンで買おたやつや。何の文句があるねん」と言い始めた。店長は「それでも持ち込みゴミはお断りしています」「ゴミ箱にもそう書いてあるでしょ」と説得したが、Cは「うるさいねん！」と吐き捨てて、店を出て駐車場に向かった。

普通の客なら、一度注意されれば素直にゴミを持ち帰るものだが、Cは異常だった。追いかけてさらに注意を促す店長に対して、Cは聞く耳を持たず、クルマに乗り込み発進させた。店長はやむなく、車前に立ちふさがり、繰り返しゴミの持ち帰りを訴えた。この様子をバックヤードの防犯カメラで見ていた松本は、このままではCが店長を轢くのではないかと思い、急いで駐車場に駆けつけた。

Cはハンドルを握りしめたまま、店長に「どけ！」と大声で怒鳴るなど、今にもクルマを急発進させそうな状態だった。松本はあわてて自動車に駆け寄り、とりあえず運転席のドアを開け、クルマを降りて店内に捨てたゴミを持ち帰るようCを説得した。しかし、Cは反論を繰り返し、絶対に持ち帰らない、と言い張った。このためCとの駐車場での口論は、20分近くに及んだ。まったく聞く耳を持たず、ケンカ腰のCに怒りを覚えた松本は、強い口調になった。

それにしても、と松本は腑に落ちない。「後で考えると、Cは撮影が不可能な店内ではなく、わざと店外に移動し、駐車場で騒動を長引かせたのではないか。その場に調査員らしき男が居たことは、セブン本部がこの騒ぎを真横で録画・録音させていたことを知って、改めて思い当たった。仕組まれたと疑うのは当然だろう」と語る。

結局、Cは松本が警察を呼ぶと告げると、分が悪いと思ったのかクルマを降りて、捨てたゴミを取り出し、持ち帰った。ちなみに、たとえセブンで買った商品であっても、購入後のゴミを他店に捨てるのはルール違反である。松本の店は、店外のゴミを持ち込ませないという、単純なルールを守ろうとしたに過ぎない。それを頑なに拒んだのは、松本が営業していた約8年間でCともう一人しかいない。いずれも盗撮が始まった19年7月以降の来店者だ。セブン本部は後の裁判で、Cとのトラブルを松本の「異常な顧客対応」の実例として指弾したが、Cは何も購入しておらず、顧客ではない。家庭ごみを持ち込み、店長らを挑発しただだのクレーマーである。

後に裁判所に提出されたCの陳述書によれば、店から車を発進させ、50メートルほど進んだところを後から駆け足で走ってきた調査員に呼び止められ、Cに対する松本の言動を撮影したので、後日、被害者として陳述書や証言などで代理人弁護士に協力してほしい旨の要請を受け、協力することを即答し、自分の名刺を渡したのだという。話が出来すぎており、そもそも走り去る車を後から追って、そう簡単に止めることができるのか。運転中のCが後方の調査員に気づいたというのも不自然だろう。

この翌日の7月20日、駐車場で松本にからんだ女性二人も近大付属校の保護者であった。登場するのは、黒いJEEPに乗った女性Aと、赤い日産SUVの女性B。セブン本部側が大阪地裁に証拠提出した録音の反訳から、双方のやりとりを一部再現するが、口論の意味を理解できるよう、近畿大学付属校の保護者による迷惑駐車問題について状況を説明しておこう。

近畿大学付属高等学校の生徒数は約2800人、同付属中学校の生徒数は約900人であるが、年に3回、学校側と生徒の個人面談が実施されており、そのたびに約1週間にわたって近大関係者のクルマが朝から晩まで、入れ替わり立ち替わり松本の店に駐車する事態が起きていた。2時間以上の駐車はザラで、ひどいときは12台すべての駐車場が近大の保護者らで占領された。また入学式や卒業式、文化祭、体育祭などさまざまな行事が開催されると、同じように関係者の無断駐車が繰り返された。本来の利用客が駐車できず、商売への打撃になったのは言うまでもない。近大側は、松本の苦情を受けて、店の駐車場を使わないよう生徒にプリントを配るなどの対応をとったが、迷惑駐車はなくならなかった。このため、松本は近大関係者の駐車は一律に拒否することにし、駐車場を有料化して以降も貼り紙でその旨を告知していた。それでもなくならない迷惑駐車の保護者に対して松本は、学校側に注意喚起を徹底してもらうため、クラスや担任を尋ねることがあった。ほとんどの保護者は非を認め、二度と駐車しないと約束して立ち去ったが、この日の女性二人はまったく違い、最初から突っかかってきた。以下、セブン本部による録音の反訳。

松本　近高ですよね。あかんって言われてません？　有料やけども、停めないでって言われてません？（エンジン音のため聞き取り不能）クラスと名前言うて、学校の担任の。
女性Ａ　有料やから
松本　それがダメやって言ってるわけ。
女性Ａ　聞いてない。
松本　近高から言われてるはず。
女性Ａ　だから学校に言ってください。聞いてない。
松本　だから言うから、言うから、クラス教えて。クラス言わな、担任わからんでしょ。
女性Ａ　学校に言ったらいい。
松本　クラス教えて。お金払ったらええっていうもんちゃうねん。
（中略）
女性Ａ　迷惑って、有料駐車場。

松本　有料やけど停めるな言うてるねん。停めんといてくれ。もう二度と来んでええ。（日産車を指さして）ここも、この人の車、この車もそうやね。
女性A　だからあんたのところ、誰もけえへんねん。だからバイトがおらへんねん、お前のところ。
松本　お金払っても、近高に言ってるんですよ。お金、有料やけど停めるなと。（女性Aに対し）はよ出ていけ、はよ、はよ行け。こんなんが、こういうのが困るねん近高は。ね、言われてませんか。学校から停めるなと言われてませんか。それか今言われましたか。電話して言うたけど。
女性A　あんた病気やで、ちょっと。あんた病気、病気。じじい。

これに続いて、松本と女性Bとの会話が続くが、ほとんど女性Aと同じやりとりなので省略する。この反訳を読むと、どこから聞いた噂なのか、女性Aが松本に「バイトおらへん」といった難癖をつけ、「病気」「じじい」などと罵倒する異常な雰囲気が伝わってくる。松本の発言は終始丁寧語まじりであり、煽っているのは明らかにAである。近大付属校は校長や担任名で、有料であっても松本の店舗駐車場を使わないよう、メールやプリントで保護者に繰り返し要請していた。AやBがそれを知らないわけがない。

この確信犯たちによる挑発が、前日に続いて、またもセブン手配の調査会社によって現場近くで録画・録音されたのは、果たして偶然なのか。いずれにせよ、女性らの罵詈雑言を棚に上げ、この場面を松本による「異常な顧客対応」の一例としたのは、証拠収集をあせるセブン側の失策だろう。

セブンの総力をあげ、契約解除の理由探し

セブン本部が利用客のクレームに着目し、松本の店舗向かいの集合住宅の一室を借り上げ、複数の調査員を配置して、内密に駐車場などを盗撮・録音したのは、松本との契約を解除するための証拠収集が目的であり、相当な費用を投じたと推察される。また代理人の指示によって、松本による会社批判のツイッターをあえて「静観」していたのも、投稿内容を解除理由の証拠として残すためであった。もし本部がセブン－イレブンのブランドイメージを重視するのであれば、松本の顧客対応やツイッターに問題があると判断したら、すぐにも改善を求めるのがスジだろう。実際、セブン本部の内部情報を松本がツイートしたとき、本部が削除を要請したことがあり、松本はこれにすぐ従っている。

ところが、セブン本部はこの1回を除き、松本にはツイッターの問題を一切通知していない。まさに全社をあげて松本排除の計画を立案し、ひそかに実行していたわけだ。セブン本部の代理人Kは、これら一連の工作を提言しただけでなく、調査会社による盗撮を手配するなど、半ば当事者となって証拠づくりを指揮していた。

松本との契約解除は、嵐ZMらが顧問弁護士の指示を受けた19年6月、全社的な方針となり、盗撮とは別に、さっそく口実探しが開始されている。

セブン提出の証拠文書によれば、7月24日、担当DMらは元都島警察署長であるセブン顧問を伴って布施警察署を訪れ、110番通報の状況などを調査した。セブン側としては「松本が頻繁に警察

沙汰を起こしては、駆け付けた警察官に連行され、そのうち何回かは布施署で身柄拘束を受け、妻が身柄引受人となって釈放された」といった担当OFCの陳述をフレームアップする目的だったのだろうが、布施署は松本の店に関する110番通報は管内の別店舗に比べて格段に多いものの、その内容は「事件化するほどの刑事事件マターではない」と回答している。布施署による「連行」だの「身柄拘束」だのはOFCによるまったくの捏造であった。

さらにセブン本部はこの時期以降、近大OBの渉外部社員に近大関係者の駐車場トラブルの調査を行わせたり、調査会社を使ってCをはじめ歴代のクレーマーや店舗周辺の飲食店経営者、近隣住民たちに松本批判の陳述書提出を依頼したり、契約解除の証拠収集を急ピッチで本格化させている。陳述書の大半は、松本と対立した者たちの一方的主張に過ぎず、コピペだらけの記述であったが、その数だけは大量であった。

セブン本部代理人提出の証拠文書によると、店舗担当のDM、ZMは19年7月から8月にかけて、松本の言動に関する報告書を社長ら経営トップに頻繁に上げていた。その中では「オーナーは、今後ユニオンやメディアを巻き込んで、広報戦略を取ってくると思われます。契約解除に向けて、各部署のさらなるご協力をお願い申し上げます」（2019年8月27日付・嵐陽一ZMの社長宛報告書）などと繰り返し要請していた。これに先立つ2018年12月17日には、山本DMが「24時間営業が止められなければ、辞めたいという（松本オーナーの）発言も聞かれることから、中途解約に誘いたい」との報告書を上司にあげている。

付言すれば、この時期、奇妙な動きは松本たちを取材する記者の一人にも見られた。ユニオンの記者会見などに頻繁に足を運び、松本にも「応援しています」と親しげに接触していたフリーランスの女性ライターSである。30代の彼女は、セブン‐イレブン本社内で本部役員らと談笑している現場をユニオン関係者に目撃され、それを指摘されたとたん、逆切れしたあげく、一切の連絡を絶って消息不明になった。松本は「Sがセブン本部と通じていたという証拠はない。しかし、Sはコンビニ加盟店ユニオンの会議にまで入っていた。本部と内通していたと考えなければ、まったく行動の辻褄が合わない挙動不審な記者だった」と振り返る。

盗撮開始の7月、なぜか過去最大のクレーム数に

松本は19年8月22日、日曜を休業日とすることを了解してほしい、と担当の嵐ZMに伝えた。というのは、7月に入ると利用客による挑発的な言動が頻発したため、店長として対応していた長男が心身をすり減らし、8月いっぱいで辞めざるを得なくなったからだ。セブン本部の記録によると、店へのクレームはそれまで月に数件だったが、この7月には一挙に16件へと過去最大に激増した。ちょうど盗撮が始まった月であり、セブン本部の関与さえ疑われる異常な件数だ。対応に追われた店長（長男）は「もう人間が嫌になった。辞めたい」と言い、無理を強いると自殺さえしかねない状態だった。そんなことになれば、妻の倫子にあの世で合わせる顔がない。そう思った松本は長男を退職させることにし、担当ZMに「平日は自分が一日に18時間でも20時間でも働く代わり、日曜日は休ませて欲し

い」と訴えた。

日曜休業の要請に対し、セブン本部は8月23日付で社長名の内容証明郵便を松本に送りつけた。その内容は「当社は、深夜時間帯以外の時間帯に休業・閉店することに合意する意思はなく、貴殿が予告どおり休業に踏み切った場合は、その時点で加盟店契約を解除する」と、深夜以外の閉店は断じて認めない方針を明記していた。

日曜休業をめぐっては、セブン本部のナンバー3である渡邉良男・取締役執行役員が回答数日後の8月27日、松本の店を訪れて直接のヒアリングを実施した。

この面談で松本は、人手不足がコンビニ業界全体で深刻化しているにもかかわらず、本部による24時間営業の圧力がきわめて強く、加盟店オーナーが疲弊している事実などを訴えたうえ、「今回は役員が来てくれたし、日曜日に入るバイトも見つかりそうなので、日曜休業は実行しないが、今後、本部の真摯な改善がみられないようであれば、（深夜時間帯以外にも）全国のオーナーとともに来年1月1日の元日に休業ストを行う可能性がある」と伝えた。日曜休業は撤回しながらも、セブン本部役員に直接、オーナーたちの窮状の改善を強く要請したのである。

この会談の中で渡邉取締役は、松本の顧客対応についても触れ、苦情の多さを問題視していると表明したので、松本は「クレームの一つひとつ、ＯＦＣとも話し合って対応し、すべて解決している」と告げた。迷惑駐車が頻発し、注意すると逆切れされるケースなど具体例も詳細に説明した。これに対し渡邉は、クレームを客観的に判断するため事実を精査すると告げて、引き上げた。

後の嵐ZMの証言によると、渡邊はこの面談に先立って7月19、20日の駐車場トラブルの動画を確認していた。にもかかわらず渡邊は、松本との会談ではこの件に一切触れていない。わずか1か月前の「異常な顧客対応」について、話題にすらしなかったのは、松本に顧客対応を改善されると契約解除の証拠収集に支障があると考え、さらなるトラブルの発生を期待していたからだろう。あるいは両日の騒動を問題視していなかったのか。

クレームを精査するという渡邊の通告の結果を確認するため、松本は9月に本部に出向くなどして何度も問い合わせたが、報告は一切なく、繰り返し問い詰めると、渡邊取締役との面談に同席していた本部社員の丹沢が9月26日、最終的には「調査の結果は○でも×でもなく、これで終了する」と回答した。まさに答弁拒否に等しい対応であったため、松本は、きちんと調査するよう再度求めたが、本部からはその後も報告はなかった。

「信頼関係は破綻」と契約解除を強行

加盟店オーナーの待遇を改善する施策が一向に示されなかったため、松本は10月28日、コンビニ関連ユニオンの記者会見で20年1月1日を休業する考えを明らかにした。その意向はマスコミによって一斉に報道され、再びコンビニ問題に注目が集まった。この直前の10月9日には、大手のローソンが正月休業を加盟店100店舗程度で実験的に行うと発表し、世論の大勢は、正月くらい休業が認められるべきではないか、という流れになっていた。コメントを求められたセブン本部は「基本は本部とオーナーの合意が大前提だ」（広報）と表明した。

松本の元日休業に呼応し、コンビニ関連ユニオンは「正月くらい休ませろ」のスローガンを掲げ、全国のオーナーに「元日スト」を呼びかけていた。11月には100人程度の賛同が得られていたが、セブン本部はこれを阻止すべく、最終手段を行使した。暮れも押し迫った12月20日、松本に対してクレームの多さと本部・役員を誹謗中傷するツイッターの投稿を理由に、年内に契約解除すると通告したのである。

12月20日、セブン本部代理人のKや担当のDM、ZMら4人が松本の店舗を訪れ、社長名の「催告兼通知書」を持参した。そこでは「本件店舗の運営姿勢や接客態度に対する数多くの苦情」が寄せられているとして、その件数は2012年4月から19年10月までに合計336件（のちに326件と訂正）であることなどを初めて松本に知らせた。また、松本がツイッターでセブン－イレブンを「誹謗中傷する投稿」を続けているのは「当社の社会的信用を毀損し、当社との信頼関係を損なうもの」とし、いずれの行為とも加盟店契約の解除理由に該当すると指摘した。そのうえでこれらの行為によって破綻した信頼関係を回復する措置を10日以内に取るよう催告し、これを怠った場合は12月31日をもって加盟店契約が解除となる、と通知していた。

この4人との面談において、松本はわずか10日間の催告期間ではなく1か月の余裕を求めたが、セブン本部代理人は「（10日の催告期間は）契約書に書いてある」と拒否し、DM、ZMらは「31日にはもう解除ですから」などと繰り返している。

松本が、この時期に契約解除を通告するのは元日休業が理由か、と問いただすと、担当社員らはこれを強く否定した。しかし、セブン本部の松本への通告は多くの加盟店オーナーには「見せしめ」と受け止められ、元日休業の動きには急速に萎縮が広がった。休業を呼びかけていたコンビニ関連ユニオンの河野正史委員長は「元旦ストライキをやらせない見せしめ的なやり方であり、加盟店の動揺は少なからずある」と、メディアの取材に答えている。事実、元日ストは当初予定の約100店から3店にまで激減し、3店ともしばらく経った後、契約の継続を断念させられている。

セブン本部の「催告兼通知書」に対し、松本はまずは10日以内に契約継続の意思を伝える必要があると考え、12月24日付で社長宛の手紙を送付した。松本はその手紙で「クレームが日本一多い店舗」とか「ツイッターの投稿は誹謗中傷に当たる」といったセブン本部の指摘には非常に驚き、心外に思うとしつつも、今後は社員らと意思疎通を図り、顧客からクレームを受けないよう、言葉づかいや態度も改善に向けて努力すること、ツイッターの発信では社長個人への批判、攻撃は一切行わないことを約束する、と表明した。

さらに松本と代理人の中野勝志弁護士（長野県弁護士会）は12月29日、社長への回答書と松本の誓約書（顧客からのクレームが出ない接客態度をとる、ツイッターのアカウントを削除する）を持参し、セブンの大阪地区事務所を訪れて、本部の代理人や担当社員らと約3時間にわたり会談した。この中で中野弁護士は、松本の誓約書でも不十分というのなら「信頼回復に十分な措置」とは具体的には何なのか、明らかにすべきだとセブン側に求めた。さらに、具体的措置を示さないまま、「10日以内」に信頼回復ができなければ31日に契約解除になる、とした催告兼通知書は「10日以上の期間」を定めた加盟店契約に違反し、認められないと主張した。これに対しセブン本部側は、2月や8月にも警告していたと反論した。だが、2月の契約解除通知は苦情ではなく時短営業を理由としたものであり、8月の渡邊取締役との面談では契約解除は話題にもなっていない。明らかに逃げ口上であった。

セブン本部は、中野弁護士が重ねて猶予期間の延長を求め、せめて1か月程度は本人の取り組みを見てほしい、と訴えても応じようとせず、12月31日の契約解除を最終通告した。そして実際、松本の店舗は30日夜の閉店後、一方的にアカウントを停止され、商品の発注やレジ操作などができなくなった。翌年1月2日から松本は、自身が用意したレジで残った商品の売り尽くしセールを行ったうえ、2020年1月8日をもって、店の営業を停止した。

セブン本部が催告期間延長の求めに一切応じず、年末ぎりぎりの31日に契約解除を強行したのは、元日休業問題で世論の逆風が再びセブン-イレブンに向かうことを避けたかったからだろう。実際、松本らの元日休業計画には当時、マスコミ報道を通じて社会的な共感が広がっていた。もしこれが実現すると、セブン本部は数億円の利益を失うばかりか、休業日は元日以外にも拡大する可能性さえあった。そんな事態を阻止するためには、12月31日の加盟店契約解除が必要不可欠だったのである。

松本はコンビニ開業にあたり、優に1000万円を超える初期費用を投じていたが、セブン本部の強引な契約解除によって、新たに違約金を請求される立場になった。その計算根拠はフランチャイズ契約に定められており、過去12か月分の実績に基づく売上総利益6か月分の50％相当、

1450万8024円にも達する。しかも、アルバイトなど十数人の従業員には30日分の解雇予告手当を支払ったうえ、短期間で退職してもらわなければならなかった。加盟店契約の解除は、オーナーから生活の糧を奪うだけでなく、さらに大きな出費を強いることになるが、セブン本部は催告期間の延長すら拒否し、躊躇なく解除を強行したのだった。

「危険極まる暴力性は矯正不能」とまで松本を罵倒

2019年2月1日に松本が時短営業を始めて以降、セブン本部は自社に批判の矛先が向かうリスクを避けるため、時短営業を理由とした加盟店契約の解除は撤回しながらも、早い段階で松本を排除する方針を固め、それまで問題視していなかったクレームに着目して、内密に証拠集めを急いだ。その過程では、調査会社を使って店舗を盗撮・監視させ、地元住民らの苦情を掘り起こすなど、松本への人格攻撃を周到に準備していた。その事実は、自らが提出した裁判の疎明資料などで明らかだ。

セブン本部の代理人は、のちに起こした裁判の訴状の中で、こうして集めた大量の材料を根拠に、松本について「『顧客を顧客とも思わない』異常な顧客対応は、聞く耳を持たない、一方的で自制することのできない、『好戦的でかつ喧嘩腰の被告の属性に加え、意に添わなければ、直ちに暴力に訴えるという危険極まりない被告の粗暴性および暴力性』は、社会通念上遅くとも20歳代で矯正されるべき属性であり」、「50歳代の被告（松本）に矯正の機会を与える法的義務を（セブン本部が）負うことはあり得ない」とまで酷評している。まるで松本が暴力団関係者か前科者であるかのような罵詈雑言だが、もちろん松本に前科などない。もし仮に松本がそれほど粗暴であるとすれば、そんな人物を開業から時短営業までの約7年にわたって何ら問題視せず、指導はおろか社長名で表彰までしたセブン本部は、逆に責任を厳しく問われるだろう。為にする非難は、ブーメランとなって自らに返ってくる典型例である。

この2019年は、セブン-イレブンの不祥事が相次いで表面化し、ブランドイメージを毀損したのは、会社そのものであることが明るみになった年だった。

7月にスタートさせたスマホ決済の「7Pay」(セブンペイ)は、サービス利用者とスマホ保有者をひも付ける「2段階認証」を導入していないなど、初歩的な安全対策の不備を突かれて、不正アクセスが続発し、わずか3か月後の9月末に廃止となった。不正利用による被害者は7月末時点で808人、被害総額は3861万円に上った。

11月には、店舗指導員の本部社員2人がオーナーに無断でおでんを発注していたことが発覚し、懲戒処分を受けている。店舗担当の社員がノルマに追われ、店主不在中にキャンペーン商品を必要以上に発注することは、松本も経験したように、多くの加盟店で常態化している。この事例は、たまたま表面化した内規違反のごく一部に過ぎない。

さらに12月になると、本部がアルバイトらの残業代の一部を支払っていなかった、として会見を開き、未払いがあったのは加盟8129店、対象は時給制で働く計3万405人で、総額は4億9000万円にのぼると明らかにした。これらはデータの残る2012年3月以降だけの数字で、未払いは1970年代から続いていた。残業代の未払いは明白な労働基準法違反である。発覚したのは、加盟店の一つが労働基準監督署の是正勧告を受けたからだった。アルバイトなど店舗従業員の賃金はオーナーが支払うが、勤務データの管理と賃金計算は本部が代行し、店の売上金から従業員の口座に振り込んでいる。本部の法令違反は、計算ミスではなく意図的だったとも指摘され、ただでさえ人手不足に苦しむ加盟店にとっては大きな打撃となった。

この年、セブン本部の社会的信用は大きく揺らいだ。松本への苦情を探索している場合ではなかったはずだ。

第6章　異常な人格攻撃と弁護団の反撃

大晦日の契約解除強行から明けて２０２０年を迎えると、セブン本部と松本の紛争は正月三ケ日から間もない1月6日、大阪地方裁判所に場所を移した。松本は加盟店オーナーとしての地位の確認を求めて、セブン本部は店舗明け渡しを松本に求めて、それぞれ仮処分命令を大阪地裁に申し立てたのである。

この仮処分訴訟の決定は同年9月27日に言い渡され、いずれの申請も却下された。

大阪地裁の決定は、セブン本部の疎明資料によって、松本が1年以上にわたって「フレンドリーサービス」に反する顧客対応を繰り返していたことが一応認められ、ツイッター投稿によってセブン－イレブンの信用を毀損させたと認定。これらによって両者の信頼関係は破壊されており、契約解除は有効と判断した。一方、松本側の「契約解除は時短営業への意趣返しである」という主張に対しては、十分には検討しないまま、解除事由とは無関係だとして退けた。

ただし、セブン側の要求した店舗の引き渡しについては、「それを直ちに認めないと日本国内で2万店を超えるコンビニを展開しているセブン－イレブンに著しい損害を与えるとまでは言えず、保全の必要性は認められない」として、退けた。松本にとっては、ただちに店舗を明け渡さねばならない、という最悪の事態は免れ、本訴での逆転勝訴に期待をつなぐことができる決定といえた。

強力な弁護団の発足と第1回口頭弁論

この仮処分訴訟は、決定が出される直前まで、後の松本弁護団とは別のD弁護士らが担当していたが、松本の希望によって解任され、9月11日には新たな弁護団が結成された。そのメンバーは大川真郎《しんろう》、坂本団《まどか》、西念京祐《さいねんきょうすけ》、喜田崇之《きだたかゆき》、加苅匠《かがりたくみ》の5人の弁護士である。この5人は仮処分裁判にはほとんど関わっていないものの、決定の問題点については次のように指摘している。

「今回の決定の最大の問題点は、時短問題や独占禁止法が規制する優越的地位の乱用の問題についてほとんど触れなかったことです。仮処分手続きは簡易迅速な権利保全手続きなので、時間的にも手続き的にも証人尋問ができないなどの制限があります。そのため事件の背景事情を十分検討してもらうことや、前もって準備を重ねてきたセブン側の大量の証拠を吟味・弾劾することも、有利な証拠を収集することもできませんでした。その結果、セブン－イレブンのストーリーに沿った事実認定がされてしまいました」（加苅弁護士）。仮処分裁判の弁護団は、セブン主張の「異常な顧客対応」の具体例に対して、証拠に基づいて一つひとつ反論することができていなかったのである。

本訴には仮処分手続きのような時間的、手続き的な制限はない。新弁護団は仮処分決定を乗り越えるため、本訴ではセブン本部側が提出した証拠を一つひとつ検証して、しっかり反論するとともに、背景にあるフランチャイズ契約の問題点、セブン本部による松本排除の経過などをじっくり説明し、裁判官を説得する方針を固めた。

この弁護団を結成するにあたり、大川真郎弁護士を松本に紹介したのは、第3章に登場する落語作家の小林康二だった。大川は日弁連（日本弁護士連合会）の事務総長も務めた弁護士歴50年以上の大御所だが、小林が労働運動のリーダーとして活躍していた70年代から、40年以上にわたって深い交流があった。松本の時短裁判への支援を「人生最後の大仕事」と意気込む小林の強い要請によって、大川は弁護団長として事件を引き受けることになり、裁判の重要性を考慮して4人の弁護士に加わってもらった。

主任弁護士を務めるベテランの坂本団は、薬害エイズ事件やハンセン病国賠訴訟、B型肝炎訴訟、関西電力賃金差別事件など国や製薬企業、電力会社を相手に勝訴を重ねた辣腕弁護士で、大川と同じ事務所に所属する。この当時、弁護士17年目の西念京祐、同12年目の喜田崇之、最若手の加苅匠の3人は、労働法学者や弁護士、労働組合などでつくる民主法律協会の独占禁止法研究会のメンバーで、所属事務所は異なるが、ともに活動を続けていた。それぞれ大企業の優越的地位の乱用、雇用によらない働き方などをテーマとする事件に取り組んでおり、「セブン‐イレブンは相手にとって不足なし」であった。

仮処分訴訟と並行して、本訴の審理も大阪地裁で始まっていた。セブン本部は20年1月17日、店舗の明け渡しと違約金約1450万円の支払いなどを求めて提訴。一方の松本は同年2月12日、契約解除は無効であり、加盟店主としての地位の確認と約97万円の損害賠償を求める裁判を起こした。セブン本部の代理人は、店舗の盗撮などを指示したK弁護士（第5章参照）。松本の代理人は、提訴から

第1回口頭弁論まではD弁護士らが務めたが、前記のとおり9月11日からは大川真郎弁護士ら5人に交代している。

注目の第1回口頭弁論は8月14日、大阪地裁202号の大法廷で開かれ、セブン本部代理人の求めによって、異例の原告代理人の意見陳述が展開された。陳述に立ったK弁護士は、「これまでセブン本部が裁判で意見陳述することはなかったが、被告（松本）による虚言などの情報操作をこれ以上放置すると企業価値が毀損される」と述べ、「セブン－イレブン・イメージのブランド力と信頼力を守り抜くために、極めて例外的に意見陳述する」と宣言。そのうえで、松本の「異常な顧客対応」を5類型（A型＝顧客への暴力または暴力挑発言動、B型＝顧客の車などへの有形力行使または毀損、C型＝喧嘩腰の不合理な言動、D型＝顧客への侮辱または差別的言動、E型＝顧客への横柄な言動）に分類し、それらの証拠として「セブンのお客様相談室に寄せられた326件の苦情一覧表」をはじめ、店舗駐車場での被告（松本）の「暴言・暴行」の撮影動画5本、被害者や地域住民らの陳述書など合計20通を提出していることを明らかにした。

この陳述の中で、セブン本部のK代理人は「被告（松本）が顧客に対して先に、一方的に暴力を振るっている」「虚偽をもって報道機関を情報操作し、公然と世間を欺いた」などと、松本への激しい非難を繰り返し、契約を解除したのは本部の是正・改善要請に応えなかったからであり、24時間営業中止への意趣返しではない、と強調した。

この日は松本本人も意見陳述し、加盟店オーナーになった経過とその後の苦難、24時間営業の中止に至った背景などを語ったうえ、セブン本部が主張する苦情の多さについて「開店の2012年から時短営業をスタートさせた2019年2月まで、私が本部からクレームがあると知らされたことは数回しかなく、それに関しては本部社員ともしっかり話して、すべて解決してきた」「私は理不尽な客にも3回までは低姿勢で臨んだが、それでも態度を改めてくれなければ、毅然と対処することにしていた。みなさんに気持ちよく買い物をしてもらうためには、お客さんを選ぶ必要がある」などと反論した。さらにフランチャイズ契約で義務とされる24時間365日無休営業については、「オーナーと家族が休むことなく店に立ち続け、命の危険にさらされているのは、本部が彼らを契約書で縛りつけ、契約解除と違約金請求で脅し、逆らえない状態に置いているからだ。コンビニ本部は、加盟店オーナーの実情に沿って営業時間や休日を柔軟に見直し、業界の健全な発展をはかるべきではないか。命より大切な契約書などない」と訴えた。

閉廷後、記者会見した松本は、セブン代理人の主張に対し「利用客に一方的に暴力を振るうオーナーがどこの世界にいるのか。24時間営業の是非が争点にならないよう、本部は私を個人攻撃する主張しかできないだろう」と語った。

この口頭弁論で「異常な顧客対応」をめぐる攻防とは別に筆者が注目したのは、セブン本部のマスコミ対策の矛盾である。本人陳述で代理人は、「事実に反する情報や虚偽を報道機関に述べ、公然と情報を不当に操作した」として、松本が報道機関を情報操作した、と何度も批判した。その一方で、自らは「裁判外での論戦や混乱を回避するために、報道機関から取材を受けても、あえてコメントを控えてきた」と述べ、基本的には取材を拒否し、正確な事実を提供してこなかったことを陳謝した。そして、今後は取材に応じるので、報道機関は訴訟資料などを検証し、裏づけ取材を行い、正確な事実を報道するよう求めたのだった。

この論法が破綻しているのは、松本が報道機関を操作したという妄想を繰り返しつつ、自らの責任を棚上げしているからである。言うまでもなく、マスメディアは松本の発言・主張をそのまま報道するわけではない。その内容が本当か、誇張や歪曲がないかどうか、対立するセブン本部に確認するなどして、報道するかどうかを決めている。独自の取材をもとに、事実関係を総合的に判断し、ニュースを編集しているのであって、松本がこれをコントロールできるはずもない。もし事実無根の報道がされたなら、各メディアの責任が問われるだけのことである。ましてや、セブン本部は紛争の一方の当事者たる大企業でありながら、取材に応じないことによって、事実の検証を困難にしてきた。松本が情報を操作し、世間を欺いたなどと批判するのは、天に唾する行為というほかない。

「松本さんを支援する会」を結成

新しい弁護団が発足し、大阪地裁の審理も本格化することから、松本の時短裁判を外から支える組織づくりは、小林康二を中心に急ピッチで進められ、2020年9月19日、大阪市内で「セブン－イレブン松本さんを支援する会」の結成総会が開かれた。当初は5月の開催を予定していたが、コロナ禍で裁判が中断され、結成総会もこの日に延期されていた。

「支援する会」の結成趣意書は同年4月、コンビニ店従事者や関連労働者、支援者らに送付され、要旨次のように訴えていた。

「全国約2万1000店のセブン－イレブンチェーン店では24時間・年中無休営業の激務によって、オーナーや家族の疾病・過労死・過労自殺・家庭崩壊などの悲劇が後を絶ちません。その背景には、営業時間を1分でも長く、売り上げを1円でも増やせば、それに比例して本部は粗利の56～76％のロイヤルティ（上納金）が入る『コンビニ会計』があります。この会計制度の下で、店の人件費はすべてオーナーが支払い、廃棄ロスの損失もほとんど店側が負担させられ、商品の廃棄が多いほど本部が儲かるという『本部一人勝ち』商法がまかり通っています。これまでオーナーたちは本部との『奴隷契約』に縛られ、本部に異議を唱えることができませんでした。そんな中で松本実敏さんは『営業時間、営業日は自主的に決めさせてほしい』と要求したとこ

「セブン－イレブン松本さんを支援する会」の結成総会。記念講演する斎藤貴男氏（2020年9月19日、エル大阪）

201015 松本ニュース No.2

松本ニュース No.2　20·10·15

「セブン-イレブン松本さんを支援する会」
〒532-0013 大阪市淀川区木川西 2-19-17

「命に勝る契約書はない」

松本さんを支援する会結成

「セブンーイレブン松本さんを支援する会」が、大阪市内のエルおおさかで9月19日会員105名が出席して結成されました。総会第一部でジャーナリストの斎藤貴男氏が「コンビニ絶望経営」と題して業界の問題点を約60分、詳しく語りました。

「松本さんの勇気に感動」

第二部では、宇都宮健児会長のメッセージが代読されました。

==会長メッセージ ====

自分のためだけでなく、全国の加盟店オーナーの権利確立のために、「命に勝る契約などない」と、「奴隷的契約の打破」に立ち上がった松本実敏さんの勇気に感動し、支援する会の会長を引き受けさせていただきました。おりしも公正取引委員会は9月2日、コンビニ業界の加盟店の実態を調査した調査実態報告書を発表し、本部が加盟店オーナーに 24 時間営業などを強制した場合、独占禁止法違反にあたる可能性があるとの見解を示しています。

「セブンーイレブン松本さんを支援する会」の活動が、松本さんの裁判闘争を勝利に導くとともに、全国の加盟店オーナーの待遇を改善し、「フランチャイズ規制法」の立法化につながることを、心より祈念致します。

「息子と夫を返して」涙の訴え

続いて、東京のセブンイレブン東日本橋一丁目支店元オーナーの妻・斎藤政代さんが本部のドミナント(近隣地への集中出店)で業績が悪化し息子は自殺、夫は行方不明の末に病死した体験から「二人を返してほしい」と涙で訴えました。長野県セブン本社のＯＦＣ（店舗指導員）でコンビニ関連ユニオンの河野委員長は、本部が加盟店から収益を上げる手法を、岐阜県の安田さんは「深く考えずに契約」してコンビニを始め、その過酷さに「閉店」を申請したら、本部から莫大な「違約金」を請求され、自分の力では抜け出せなかった「アリ地獄契約」を報告しました。

最後に会則と運動方針(当ニュース P4 参照)の賛同を得て、役員（会長：宇都宮健児、事務局長：小林康二、役員：村上恭介・高宮信一・中田義一・小林由香子）を選出し、散会しました。

2020年9月19日の結成総会の様子

次回裁判は 10月30日11時

中央公会堂で支援者集会も

次回の裁判は10月30日（金）午前11時より大阪地裁新館331号法廷です。但し、傍聴の抽選がありますので、午前10時30分までに、裁判所前で抽選券を受け取る必要があります。抽選に外れた支援者は中之島中央公会堂の地下1階大会議室にお集まりください。弁論終了後、弁護団から争点等について報告を受けます。傍聴希望者の多寡は事件への社会的注目の指標で、裁判所への強い圧力になります。ぜひ多数のご参加をお願い致します。

支援する会結成を伝える「松本ニュース」（支援する会発行、2020年10月15日）

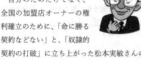

ろ、本部は『契約解除・閉店』の挙に出たのです。松本さんは『全国のオーナーの声なき声を自分が代弁しなければ』という一念で訴訟に踏み切りました。松本さんの勇断は、コンビニ業界の不公平な奴隷的契約を改善させる好機であり、最大のチャンスです」

結成総会には、この趣意書に賛同した会員105人が参加し、会員拡大やコンビニ新法制定などを盛り込んだ運動方針を採択するとともに、役員（会長＝宇都宮健児弁護士、事務局長＝小林康二、ほか役員4名）を選出した。

総会では、ジャーナリストの斎藤貴男が「コンビニ絶望経営」と題して記念講演し、「酒屋など小規模な小売店舗をつぶして、コンビニをはじめフランチャイズ化する流通に大転換させるシステムは、1970年代から国策として進められた。このためコンビニ本部を規制する法律はほとんどなく、オーナーが裁判を起こしても見切り販売以外は、店舗側が敗訴している。現在、コンビニ店は過剰な負担に苦しめられ、持続できないところまできている。適切な改革を実現するためには、世論の盛り上がりが不可欠だ」と述べ、支援する会への期待を表明した。また、東京のセブン‐イレブン東日本橋1丁目店の元オーナーの妻、斎藤政代も登壇。本部のドミナント（地域集中出店）によって業績が悪化し、長男は自殺、夫は行方不明の末に病死した悲惨な体験を涙ながらに語り、「二人を返してほしい」と訴えた。会長に就任した元日弁連会長の宇都宮弁護士は、先約があって総会には参加できなかったが、「支援する会の活動が、松本さんの裁判闘争を勝利に導くとともに、全国の加盟店オーナーの待遇を改善し、『フランチャイズ規制法』の立法化につながることを、心から祈念します」とのメッセージを寄せた。

「支援する会」は、裁判の口頭弁論ごとに毎回、裁判所近くの会場を確保して報告集会を開き、弁護団の争点報告を受けて、会員の意見交換と意思統一を図った。また、法廷での論戦の模様やコンビニ関連の動きを伝える「松本ニュース」を適宜発行するとともに、ウェブサイトでもホームページを開設し、情報を更新しながら、幅広い支援を呼びかけた。会費は徴収せず、任意のカンパで活動費を捻出したが、毎年度、繰越金が出る黒字運営となり、小林ら実務担当者は支援者たちの熱意に大いに励まされた。

「支援する会」の会員は第2回総会（21年9月9日）までに737名に達し、「松本ニュース」は毎回600部、解散までに合計15回発行・郵送された。

反撃が本格化する中、仮店舗の建設を強行

第1回口頭弁論でセブン本部が松本を激しく攻撃したことをふまえ、弁護団は本格的な反撃を開始した。

第2回口頭弁論（20年10月30日）では、弁論に立った西念京祐弁護士が事実経過を詳細に説明したうえ、「セブン本部は契約解除の理由として多数の苦情を列挙するが、開業からの7年間に改善を強く指導したことは一度もなく、担当の社員も問題がないことを理解していた。本部はマスコミの批判的論調を避けるために解除通知を撤回し、その後は調査会社を使って内密にトラブルの証拠集めを行い

ながら、問題を松本本人に告げなかった。それは契約解除によって松本を排除することが目的だったからにほかならならず、優越的地位の乱用であることは明白だ」と批判した。

裁判の最大の焦点は、セブン本部が強調する「異常な顧客対応」の真偽にあるが、その前段で弁護団が提起したのは本部の「優越的地位の乱用」と「カスタマーハラスメント」（利用客の理不尽な要求・迷惑行為）の問題である。

フランチャイズ契約を結ぶ加盟店に対し、コンビニ本部は独占禁止法上の「優越的な地位」にある。公正取引委員会は20年9月、合意すれば時短営業への移行が認められるにもかかわらず、本部がその地位を利用して協議を一方的に拒否し、加盟店に不利益を与える場合には「優越的地位の乱用」に該当しうる、との見解を明らかにしていた。

弁護団は21年1月22日提出の準備書面3で、公取委のこの見解を紹介しつつ、セブン本部が松本の時短営業の要請を拒否し続けたこと、さらには時短営業を実施したことを理由に契約解除を通知したことは、優越的地位の乱用に当たると強調。「セブン本部は世論の反発を受けて、解除通知を撤回したものの、内密に証拠集めを重ね、別の理由をあげて松本を排除したのであり、そうである以上、契約解除は優越的地位の乱用行為の延長線上にあるから、独禁法と公序良俗に反して無効である」と主張した。

カスタマーハラスメント（カスハラ）問題では、客からの悪質なクレーム、嫌がらせ、暴言、理不尽な要求、迷惑行為などに対しては謝罪ではなく、毅然とした対応が求められるのであり、そうしなければ店の信用や従業員の安全を守ることはできない、と述べたうえ、松本が経験したカスハラ行為の具定例を列挙した。例えば、使用済みおむつをゴミ箱に捨てられたり、芳香剤などトイレの備品を盗まれたり、近所の飲食店、保育園の利用者による無断駐車が繰り返されるなどである。レジの行列への割り込み、万引きは日常茶飯事だ。これらの迷惑客の中には、松本に注意されたことを逆恨みし、事実を捻じ曲げて本部に苦情を申し立てる者も少なくなかった。弁護団は「毅然とした対応をすればするほどクレームは増える関係にあり、苦情の内容を精査することなく、その件数の多さを理由に契約解除を強行することは許されない」と強調した。

1月29日に開かれた第3回口頭弁論では、この準備書面にもとづいて喜田崇之弁護士と加茹匠弁護士が弁論に立ち、「フランチャイズ契約における契約解除は極めて限定的にしか認められず、形式的な条文違反などによる解除は許されない」「本部は松本オーナーへの顧客の苦情が非常に多いというが、事実を歪曲した内容や悪質な言いがかりなどが多数含まれ、信憑性に欠ける。『異常な顧客対応』は言いがかりだ」と主張した。

論戦が本格化する中、マスコミの担当記者たちを驚かせたのは、セブン本部が4月1日、松本の店舗駐車場に直営の仮設店舗を建設する工事を始めたことだった。休業中の店の駐車場を分割し、仮囲いをして着工したのである。セブン側はその理由について、「コンビニは社会インフラ」であり、「地元住民から『買い物や防犯のために営業を再開して欲しい』という要望がきている」とマスコミに説明した。これに対し、松本弁護団は「裁判で係争中にもかかわらず、店舗の明け渡しに応じないからと店を建てるのは違法な実力行使だ」と厳しく抗議した。
休業中の店舗についてはこの3月、裁判長が明け渡しを提案していたのだが、松本は悩んだ末にこれを拒否していた。

松本氏の店舗（奥）を仕切りで隔て、駐車場に建てた仮店舗（手前）（2021年5月5日、朝日新聞）

店舗明け渡しの仲介を裁判長に依頼したのは、セブン本部の代理人である。その理由は、このまま松本が店舗を占領していると、もしセブン側が勝訴した場合、松本の損害賠償額が莫大な金額になるから、今すぐ明け渡せばお互いに損害は最小限に抑えられるし、もし松本側が勝訴すればすぐに店を明け渡す、という趣旨であった。あくまでお互いのためになる提案、という建前だ。松本と弁護団は、裁判所が間に入っているので、その仲介をむげに断ると裁判官の心証に影響する可能性があると考え、店を明け渡す方向で検討をすすめた。

しかし、松本は2日間考え抜いた末に、この提案を拒否する覚悟を固めた。裁判長の心証が悪くなっても、東大阪の店を最後の砦として残し、大きな敵と闘い抜きたかったからだった。

店舗明け渡しの提案を拒否すると、セブン本部の代理人は、1年以上の休業でたばこ販売の権利が切れ、勝訴してもたばこの販売ができなくなるぞ、と脅したが、手間ばかりかかって粗利の少ないたばこ販売の権利など松本には不要だった。ましてや、仮に勝訴してもセブンのコンビニ経営など二度とするつもりはなかった。今振り返ると、たばこ販売の権利消滅を恐れたのはむしろセブン側であり、だからこそ本部は仮店舗の建設を強行したのではないか、と松本は考えている。

提案を拒否する松本の意思について、弁護団は「わかった。松本さんのその気持ちが、この闘いをここまで引っ張ってきたんや」と、全員一致で了承した。セブン本部は松本側の拒否回答を受けた直後、仮店舗の建設に着手している。

松本弁護団は、セブン本部による仮店舗建設という強硬策に対して抗議声明を発表。「セブン－イレブンは2020年1月、松本に対して、本件店舗を仮に引き渡すよう求める仮処分を提起したが、裁判所はこれを認めなかった。しかるに、セブン－イレブンは当該仮処分決定に抗告することもせずに、本件店舗の駐車場に新店舗を建設するという手段をとった。このような対応は、法的紛争は裁判所において解決を図るという、法治国家における当たり前の常識に反するものであり、最低限のコンプライアンスすら欠けているのではないかと疑わざるを得ない」と断罪した。

声明が指摘するとおり、これがコンビニ最大手の上場企業がすることかと呆れるほかなく、テレビ、新聞各社も事態を異常と見て「セブンの隣にセブン」などと、大きく報道した。

そもそも、大阪地裁の仮処分決定は「仮に本訴で松本オーナーが勝訴した場合、再び本件店舗での営業は困難になる」という理由で、本部の店舗明け渡し請求を認めなかったのである。ところが、セブン本部は、20年9月のこの地裁決定からわずか半年余り後の21年4月1日に仮店舗の建設を始め、約1か月後の21年5月4日、完成した建物で一方的に営業をスタートさせた。しかもセブン本部は、この仮設店舗の建設費用3000万円を松本に追加請求しようとし、裁判長に退けられている。彼らの好きなフレーズを借りるなら、まさに「異常な訴訟対応」であった。

セブン本部のこの暴挙に対し、松本と弁護団は徹底抗戦することも検討したが、新しく裁判を起こせば、今争っている訴訟の重要性が後退する恐れがあることから、メディアを通じてセブン本部の理不尽さを訴える戦術をとった。

仮設店舗の工事が始まった4月1日、松本は「セブン本部は不当な実力行使を止めてください！」と大書したビラと弁護団の抗議声明を元の店舗に貼り出し、集まった報道陣に「店舗を明け渡すと最後の砦がなくなってしまう。裁判が思うに任せないからと、場外乱闘のような工事を強行するのは許せない」と訴えた。また仮店舗オープン初日の5月4日には、西念京祐、加苅匠の両弁護士とともに現地で記者会見し、セブン本部の不当性を徹底批判した。この会見の後、松本がおもむろに仮店舗に入っていったので、弁護士や約20人の記者たちは修羅場になるのかと固唾をのんだが、松本はコーヒーを片手に店から出てきて、「ほかにコーヒーが欲しい人はいますか」と言って、周囲を笑わせた。

この日の記者会見で松本は、セブン−イレブン商品の感想を聞かれ「かつては廃棄（弁当など）をずっと食べてたんですけど、もう食べなくなって、すごく快適です」と答えた。この発言について、セブン本部の代理人は「信頼関係を徹底的に破壊する言動」と非難したが、ただの感想まで攻撃対象にするのは、仮店舗建設に批判的だったマスコミ報道へのあせりの裏返しと思われた。

326件の苦情を精査し、セブンの虚構を追及

セブン本部が松本による「異常な顧客対応」の証拠として、裁判所に提出した資料のうち、その信憑性がもっとも争われたのは「お客様相談室に寄せられた326件の苦情一覧表」であった。

本部によると、松本に寄せられた326件の苦情は2012年4月から2019年10月までの合計数で、直近3年間では年平均約60件に達し、1店舗当たりの全国平均（年間4・68件）の12倍以上になるという。また、その内容も「暴行」「器物損壊」「強要」「侮辱」「横柄な言動」の5つに類型化され、「断じて正当化され得ない違法な行為または言動であった」と断定。これらの行為はフランチャイズ契約に定める基本4原則の一つ、「フレンドリーサービス」に違反し、「セブン‐イレブン・イメージ」を毀損する行為であるから、契約解除は有効であると主張した。さらに326件の苦情のうち、とくに57件を「異常」として取り上げ、独自に収集した利用客らの陳述書、盗撮動画などをそれらの証拠として提出した。

これに対し、松本弁護団は21年1月22日付の準備書面4で全面反論した。

まず「326件の苦情」は、セブン本部の相談窓口に寄せられた苦情を記録したものに過ぎず、単なる問い合わせや客の誤解に基づくもの、意図的な誇張や歪曲、クレーマーによる言いがかりなど

が多数含まれ、記録内容が現実に発生したと推定することは到底できず、これを根拠に契約解除を正当化するのはあまりにも乱暴だと批判した。

そのうえで、３２６件のクレームを一つひとつ分析し、例えば次のように指摘した。

①食品の中に異物が混入していたという苦情が3件あり、これらはメーカーの問題であって、松本の店舗の問題ではない。

②トイレを貸してもらえないという苦情が20件以上あるが、トイレ利用は各店舗の自由裁量に委ねられており、松本はさまざまな事情（後述）があって客の利用を断っていたのであるから、これらをクレームとして数えるのは不当である。

③明らかに他の店舗に対するクレームが含まれている。

④苦情内容の重複が多く、少なくとも23件の苦情が57件へと34件も水増しされている。

⑤苦情先が本部であるにもかかわらず、本部が適切に対応していないケースが松本への苦情3件としてカウントされている。

⑥松本の対応に問題がなく、クレーマー側に問題がある事例が多数ある。例えば5時間もの長時間駐車、商品の言い間違え、サービスの強要、客や従業員への罵声、食品の返品・交換要求など。

弁護団は「お客様相談室」の膨大な記録を丹念に分析したうえ、３２６件すべてが「異常な顧客対応」の件数であると認定するのは明らかな誤りであると指摘するとともに、利用客の迷惑行為を「駐車場」「接客関係」「ゴミの持ち込み」「トイレ問題」の4つに分類して、松本の対応に問題がなかったことを強調した。

少し長くなるが、コンビニ店舗におけるカスタマーハラスメントの実態を知るうえでも参考になるので、以下に要旨を紹介しよう。

「駐車場」＝苦情の具体例で目立つのは、駐車場をめぐる問題である。店には12台分（別途障がい者用1台）の駐車スペースがあるが、周辺には時間貸しの駐車場は少なく、開業直後から隣接する韓国料理店や理髪店、喫茶店、保育所などの利用客による迷惑駐車が相次いだ。これらの経営者には再三にわたり自粛を訴えたものの、中には開き直って松本を罵倒する悪質な店もあった。また店の300〜500メートルの位置には近畿大学付属高校と中学校のキャンパスがあり、学校行事のたびに保護者による長時間の無断駐車・迷惑駐車に悩まされた。松本は近大側に何度も申し入れを行い、学校も保護者に注意を促したが、問題は解決しなかった。

このため松本は、本部が開業当初から設置していた看板（20分以上の駐車には罰金1万円を科すことを明記）を掲げ続けたほか、長時間駐車の車両にはフロントガラスに貼り紙をして注意喚起し、さらに後にはタイヤロックを行うなどの対応に踏み切った。セブン本部がこれらの措置を改めるよう指導したことはなく、迷惑駐車のひどい状況を知りつつも、松本が求める駐車場の有料化には長く応じようとしなかった。駐車場をめぐるクレームは、このような事情が背景にあることを踏まえて評価する必要があり、駐車場が有料化された2018年4月以降、上記タイヤロックのような対応の必要はなくなり、トラブルは大きく減少している。

「接客関係」＝一部の客の不当なクレームなどは、他の客に迷惑をかけ、従業員のストレスとなるため、松本は「3回注意しても態度を改めない者に対しては厳しく注意する」というルールを定めて、店長とともに対応していた。大半の客は非を認めて態度を改めたが、稀には逆切れする者があり、松本が毅然として退店を促すこともあった。レジ対応では、数分待たされただけで暴言を吐く客、行列の並び方について延々と説教する客も存在した。また商品の陳列を崩す客に注意すると、一部には「勝手やろ。こっちは客や」などと居直る者もいた。こうした迷惑客に対して松本は、急に怒鳴りつけたり、大声を出したりするようなことは一度もなく、3回は穏やかに注意していたのであり、それでも態度を改めない悪質な客には毅然と対応した。それは自分の店を守るための経営努力にほかならない。

「ゴミの持ち込み」＝2019年2月に時短営業を開始するまで、ゴミ箱は店外に設置していた。その期間は家庭ゴミが頻繁に捨てられ、1日に3～4回はゴミ袋を取り換える必要があった。家庭ゴミの種類は多種多様で、中にはおしめや犬の糞、工事現場の角材などの産業廃棄物が捨てられることもあった。ゴミ処理に要する費用はすべて店の負担だが、ゴミ箱が店外設置では常時監視して注意することはできず、とくに深夜時間帯は何をされるかわからないので、時短営業を始めてからは店内にゴミ箱を移動させた。それでも家庭ゴミを店内に持ち込む客は存在し、注意を聞き入れない者にはゴミを持ち帰るよう強く求めることがあった。

「トイレ問題」＝開店当初から3年ほどは客のトイレ利用を認めていたが、2か所あるトイレを数時間おきに清掃し、トイレットペーパーや消臭剤、消毒液などを補充・交換する負担を強いられるばかりか、使用に伴うトラブルも頻発した。具体的には「トイレ内の備品の持ち帰り」「未清算品の持ち込み・飲食」（いずれも窃盗）、「使用済みおむつ、糞尿などの散乱」、「トイレ、洗面所の汚濁」、「長時間のトイレ占有」、「トイレの詰まり、破損」などである。このためトイレの使用禁止を本部の担当社員と相談したところ、「オーナーの判断が尊重される」として了解され、「トイレ使用はご遠慮いただいております」の貼り紙をするようになった。トイレを使用禁止にしている店舗はほかにも多数存在する。

松本弁護団はこれらの事情を詳細に述べつつ、本部側がとくに問題とする57件の「異常な顧客対応」のすべてを精査し、その大半は「苦情一覧表」の記述だけを根拠とするものであるとして、強く否認した。また、これらのクレームは、客からの連絡を受けて、本部として誰が、いつ、どのような手段で事実確認を行い、その結果、どのような措置を講じたのか、裏づけ資料とともに示すよう求めた（この点は、後に本部社員らへの証人尋問の際にも追及され、セブン本部の矛盾が噴出する）。さらには、一つひとつの事案のうち、クレーマーの意図的な誇張、歪曲、一方的主張などには逐一、具体的に反論した。

これに対して、セブン本部は「苦情一覧表」は苦情のほぼ正確な記録であり、そのほとんどは「担当ＯＦＣから松本に伝えられていた」ことを根拠に、「一覧表は異常な顧客対応を証明する証拠」だと強弁した。セブン本部の第３準備書面（３月23日付）によると、「お客様相談室」に集まった苦情は当該の店舗担当のOFC（経営相談員＝地域内の7〜8店舗を担当）にメールで必ず連絡され、OFCはその全件についてオーナーに事実確認するという。そして、松本の店を担当したOFCは2012年の開業から契約解除の19年末まで合計6人であり、うち1人を除く5人は全員、記録された苦情について思い当たり、幾つかは鮮明に記憶しているから、「苦情一覧表は被告（松本）の異常な顧客対応を証明する証拠である」と主張した。また松本弁護団による求釈明には訴訟経済、審理促進の観点からいちいち回答する必要はない、と切り捨てた。

要するに、セブン本部は苦情の真偽を点検するべきだという松本側の要求を強く拒否しながら、OFCらによる裏付けのない主張のみを根拠に、相談室に寄せられたクレームは正確で客観的な記録だと言い張ったのである。

松本敵視の「陳述書」の正体

セブン本部はこの裁判で、第5章で紹介した駐車場トラブルの盗撮動画、録音反訳だけでなく、近隣店舗経営者、元従業員、地主ら松本に反感を抱く者たち、あるいはセブン－イレブンに従順な近隣の加盟店オーナー、さらには本社社員らの陳述書を大量に集め、証拠資料として提出した。

それらの陳述書の多くは誇張と歪曲、伝聞に満ちており、信憑性が低いことは、例えば次のような事実からも明らかだった。

道路を隔てた韓国料理店には駐車場がなく、利用客が松本の店舗駐車場に長時間の迷惑駐車を繰り返した。このため松本が料理店を訪れて注意し、車の移動を求めたことは10回以上に及んだ。ところが女性店主のOは、「うるさいねん」「なんやの。けちくさい」などと非を認めず、たびたびトラブルになっていた。セブン本部の代理人は、そのOの娘に陳述書の提出を依頼した。娘は陳述書の中で、韓国人であることに松本が差別発言したなどと事実無根の主張を展開し、客の迷惑駐車は棚に上げたまま、松本の行動を「営業妨害」と非難した。

Oの陳述書に対する松本の反論＝O母娘は、開店当初から店舗の照明や配送トラックの騒音にクレームをつけ、料理店の客による迷惑駐車には開き直り、未成年である娘にたばこの販売を断ると逆恨みして騒ぎ、ついには嘘の陳述書を出した。どちらが本当のことを語っているか、母娘を証人喚問して欲しい。

松本の店舗の土地をセブン‐イレブンに賃貸している地主のTは、月額71万円の賃料収入をセブン本部から得ている。そのTも陳述書を提出し、近隣住民から聞いた話として、大声で怒鳴るなど松本が「客を客とも思わない」異常な対応を繰り返している、人手不足は松本のパワハラが原因、といった伝聞情報を書き連ねたうえ、「このような状況が続くならば土地賃貸借契約の解除も検討する」と、意味不明かつ実行不可能な脅しをかけている。賃貸借契約を解除したいのならば、その主張は借主のセブン本部に向けるべきだが、Tによるとセブンに土地を貸したのは「地域への社会貢献」が目的だそうだ。論理が一貫していない。

松本の店の元従業員Yは地主Tの親族である。Yの陳述書は２０１９年12月18日、セブン本部の代理人（K弁護士）の法律事務所で供述したもの。それによると、Yは松本の店のアルバイト従業員として5年9か月間勤め、その間、松本が子供や高齢者に大声で怒鳴り、客にトイレを貸さず、迷惑駐車にチェーンを施して罰金1万円を徴収し、従業員のミスを執拗に叱責するなど、異常な対応を繰り返していた。「店で働かせてもらい、松本オーナーには感謝している」ものの、近所の住民が気安く利用できるように早くなって欲しいと結んでいる。

Yの陳述書への松本の反論＝Yの四男が大学生のとき、私の店で約1年間働いたことがある。その四男に「とても良い店」と勧められたので、Yがアルバイトに応募し、約5年9か月の長期にわたって働いてくれた。もし私がひどい経営者なら、四男は母親に就労を勧めないし、これだけ長くYが働くこともなかっただろう。トイレの使用禁止や迷惑駐車への対策は、正当な理由があって行っていたことだ。

セブン本部代理人の要請による「反松本・陳述書」はこれらを含め、第5章で詳述したゴミ箱騒動のCをはじめクレーマー10人（11通）、アルバイトなど元従業員5人（6通）、近隣住民5人、近隣のセブン加盟店オーナー4人（6通）、本部社員7人（11通）など合計31人分、延べ39通にも及んだ。近隣者のそれは似たような内容であり、煩雑になるので紹介は省くが、どの文面にも共通する表現は「テレビ報道での松本氏の紳士的な言葉遣いや態度と、実際に松本氏が利用客に向ける乱暴な言葉遣い、態度とはまったく違い、『酷い』『行き過ぎ』『異常』という以外に表現のしようがない」という記述であった。ほとんど同じ内容、表現のコピーペーストであり、どうせ書くならもう少し工夫すれば、と余計な心配をしたくなるほどである。

上記39通の陳述書のうち、「頭突き事件」当事者のMおよびセブン本部の社員7人の陳述の怪しさについては、一審大阪地裁で最大のヤマ場となった証人尋問とも関係するので、詳しくは後述したい。

ツイッター上の会社批判は名誉棄損に当たるか

セブン本部は、松本とのフランチャイズ契約の解除を強行したもう一つの理由として、「ツイッターを利用して会社と役員への誹謗中傷を繰り返し、信頼関係を破壊した」ことを挙げている。本部の訴状によると、誹謗中傷に該当する松本のツイッター投稿は、２０１９年4月から11月にかけて発信された次のような表現である。

「御粗末な企業のトップ」「これからも、どんどん本部の嘘をあばいていきます」「もしかしたら、会長、社長ですら、自分で考えられないのではないか？ 今まで、ずっと、イエスマンで出世して来たのだから」「セブンの腐敗、安部《ママ》内閣の腐敗、腐敗した者同士が、金の力でつるんで、下の者を痛めつけて自分たちだけが、栄耀栄華に耽る！」「何が起きてもセブン本部は一切責任を取りません」「今では大勘違い企業です」「（永松社長および親会社の井阪社長の顔写真を引用して）二人とも良い顔してますね。人間落ちに落ちたら、こんな顔できるんです」「やっとやつらの幼稚さが世に出るようになって来ました」「（古屋会長を名指しで）勘違い野郎！テープをカットするぐらいしかできないやろな」「上は腑抜け揃い！」「既にもうお互い信頼関係は崩れています」「まるで幼稚園児です」「何も感じない者は、セブンの毒に犯されています」「社長をつるしあげていきましょう」「バカな幹部たちですよね」「本当につまらん奴ら！人としても下の下！」「ただの馬鹿か？」「セブン上層部の崩壊がちかづいてきましたね」「永松社長！いつも口だけ！」（以上投稿順、一部省略）。

セブン側は、これらのツイッター投稿によって会社と経営陣は半年以上も公に侮辱、名誉棄損の不法な誹謗中傷を繰り返され、これによって相互の信頼関係は回復不能なまで破壊された、と主張した。

松本弁護団はこれに対し、以下のとおり反論した。

「松本のツイッター投稿は、時短営業に対して誠実な対応をしないセブン本部の態度に痺れを切らし、世論の支持を背景にしなければ交渉できないと判断して行ったものである。そのごく一部だけを切り取って、形式的な表現のみから『違法な誹謗中傷』と主張するのは不合理であり、松本の投稿は、正当な論評・表現の自由の範囲内として保障されている。公益を図る目的で行われた個人の批判・論評行為については、人の社会的評価を低下させる名誉棄損・侮辱行為に該当するとしても、またその表現が激越・辛辣、揶揄的、侮辱的に近いものにまでわたることがあっても、直ちに違法となるものではなく、表現内容の必要性、表現にいたった経過などをふまえて、社会的に相当な範囲である場合には、違法性が阻却されると判断すべきである」。

そのうえで、松本の投稿は1週間に平均7件程度で、セブン批判だけでなくコンビニ業界のニュース、他のオーナーとの交流などが含まれており、フォロワー数も３００人程度に過ぎず、広く拡散されることはほとんどなかったと指摘した。さらにそれぞれのツイッター投稿の背景や意図するとこ、ろを一つひとつ詳細に説明し、「正当な批判・論評の域を超えたものではなく、社会的に相当な範囲で行われた」と主張した。

例えば「御粗末な企業のトップ」という投稿は、19年4月25日に会見したセブン本部の永松社長が、24時間営業の強制は独禁法違反の可能性があると指摘した公取委の見解について「我々は問題がないと受け止めている」などと答え、開き直ったことを批判する目的でツイートしたものであった。

また「何が起きてもセブン本部は一切責任を取りません」の投稿は、セブン・ペイが不正アクセスされ、多数の被害者が出たことに対し、19年7月4日の記者会見で子会社のセブン・ペイ社長は謝罪したものの、セブン本部の経営陣は謝罪の場に現れなかったことを厳しく批判したものである。

「松本のツイッター投稿は、世論を喚起し、本部の体制を改善しようと考えて行ったに過ぎず、経営陣を批判したのは、誠実な協議・交渉を要求していたのに本部が一切応じなかったからだ。問題となった投稿の中には、表現が多少過激なものや揶揄を含んだものもあるが、人身攻撃に及ぶことはなく、やむを得ずなされた表現であった。従って松本のツイートはすべて正当な批判の域を超えておらず、名誉棄損や侮辱行為として違法となるものはない」

弁護団はそう結論づけるとともに、セブン本部が19年12月20日に契約解除に向けた「催告兼通知書」を交付するまで、松本のツイッター投稿を長期にわたって放置し続けたのは、あまりに不合理、不正義だと指摘し、その事実は投稿内容が双方の関係で問題になる行為とは考えていなかったか、あるいは契約解除をしたいがために無理やり主張しているか、いずれかであると批判した。

第7章 証人尋問でセブンを追いつめる

第5回口頭弁論は2021年5月28日、大阪地裁202号法廷で開かれた。弁論に先立ち裁判長は、ツイッター問題については双方が主張しているので、裁判所が判断すると述べる一方、「顧客対応の問題は課題が残っている」として、「原告・セブン本部が被告・松本に注意していたのであれば、具体的に当時の内部資料で立証してほしい」と、立証の追加をセブン側に要請した。裁判長として「中心的な問題は顧客対応の問題と考えている」ことを明らかにするとともに、この時点では「異常な顧客対応」に関するセブン側の主張、立証が不十分と考えていることを匂わせた形だ。

裁判長が上記の認識を明らかにしたのは、この日の弁論前に松本弁護団が提出した準備書面7（5月21日付）が影響したと思われる。なぜなら、この主張の中で弁護団は、セブン本部の「お客様相談室」に寄せられた苦情について、担当OFCが松本にすべて伝達したと、主張するのなら「そのやり取りを記録した客観資料がなければおかしい」と指摘していたからだ。

セブン本部は、苦情のほぼすべてを「お客様相談室」がOFCにメールで連絡し、「OFCは業務として電話（口頭）、メールまたはライン（文章）、あるいは訪店（直接面談）で、被告（松本）に対し、少なくとも概要を伝達し、事実確認または情報共有を行った」と主張していた。もし、これが本当なら、OFCは「対応結果」について、「ほぼ間違いなし」「半々」などと報告することが求められており、その結果がデータベース化されているはずである。またOFCは遂行した日々の業務を業務日報に報告することが求められているから、苦情への対応も当然、業務日報に記録され、データベースに残ることになる。さらにOFCは、ほぼ毎週1回、担当する店舗を訪問し、店舗内外の状況を確認して「店舗確認表」を作成し、オーナーと共有することになっている。この「確認表」には「フレンドリー確認事項」という項目があり、もし松本が「フレンドリーサービス」に反する顧客対応をしたなら、これを問題視する記載がされているはずだ。松本弁護団は、これらの客観資料を本部が提出することは、極めて容易なはずだと指摘していた。

ところが、セブン本部は、自らの主張を裏付けるはずのこれら客観資料の提出をなぜか拒否していた。この日、裁判長が「提出義務はないが、内部資料があれば当時の資料で立証を補充してほしい」とセブン側に求めたのは、このような背景事情があった。

内部資料で明らかになったセブンの誇張と捏造

裁判長の要請を受けて、セブン本部は同年8月、追加の証拠資料として「業務報告書」と「内部連絡票」をようやく提出した。この内部資料で明らかになったのは、①セブン本部は松本と顧客とのトラブルをさほど問題視していなかったにもかかわらず、契約解除の口実とするため、今になって大問題であるかのように言い立てている、②セブン側が提出した大量の陳述書は内部資料と矛盾し、明らかに事実を歪曲・誇張している——の2点であった。具体的には、次のとおりである。

セブン本部が主張する苦情一覧表の326件のクレームについて、社内で共有できる手段は2015年以前には「業務報告書」しかなかった。この期間の苦情は79件あったが、同報告書にクレーム対応の記載があるのは2件に過ぎず、この2件は一覧表に含まれない苦情だったので、79件はすべて業務報告書が作成されていなかった。つまり、この間の担当OFC(4人)は、顧客の苦情のほとんどすべてについて社内で共有するほどの重要性はないと判断していたわけだ。

「内部連絡票」は「業務報告書」に代わって2015年11月以降に導入され、松本の店舗に関して記録が残されていたのは合計91件だった。この時期の松本への苦情は一覧表によると257件だったから、このうち約65%にあたる166件(257マイナス91)については、内部連絡票が作成されていなかったことになる。また内部連絡票が作成され、担当OFCに対応が求められていても、その3分の1以上は結果が報告されないままになっていた。さらに対応結果が記入されているものの中には「事実無根」「一部事実だがほとんど違う」「半々」とされている案件が多数あった。少なくとも苦情の相当数については、内部連絡票を作成する価値がないと判断していたわけで、松本に対する「異常な顧客対応」というセブン本部の主張は、きわめて誇張されていることが明白だった。

加えて、これら「業務報告書」と「内部連絡票」の記録によって、セブン本部のOFCらによる陳述書の内容には、事実の意図的な歪曲・誇張・捏造、不合理な主張が満載されていることが明らかになった。

例えば「殴り合いの暴力沙汰」によって松本が「警察官に連行され、布施警察署に身柄拘束を受けた」と主張した元ＯＦＣ吉田聖史の陳述書は、業務報告書では「長時間駐車のお客様に注意したところ、揉み合いとなり、互いに軽傷を負い、警察から事情聴取を受ける」と記載され、「暴力沙汰」「連行」「身柄拘束」などとは一言も記載されていない。吉田の意図的な誇張・捏造は明白だった。吉田陳述書は21年3月18日付で作成されており、この時点ではセブン本部は業務報告書を証拠提出するつもりはなかった。ところが、松本弁護団が客観資料の存在を指摘し、裁判所もその提出を促したため、公開せざるを得なくなり、吉田の陳述書が虚偽であることが発覚したのである。

そもそも陳述書は、反対尋問を受けないため、その信用性を慎重に吟味する必要があるのだが、セブン本部は社員から大量の陳述書を集め、それらが「異常な顧客対応」の証拠だと強弁した。しかし、客観資料である「業務報告書」と「内部連絡票」に残された記録は、クレームの多くが社内で共有する必要性がなく、対応の必要もないと判断されたものであった事実を明るみに出した。セブン本部の主張にはほとんど根拠がなく、契約解除の最大の理由が総崩れしかねない状況に陥ったのである。

「異常な顧客対応」では不可能な営業成績

この第5回口頭弁論で松本弁護団は、セブン本部の主張のとおり、松本の顧客対応が「直ちに暴力に訴えるという危険極まりない粗暴性、暴力性」で特徴づけられるとすれば、顧客が店に寄りつかず、営業成績の向上はまったく期待できないはずだ、として開業から約6年に及ぶ顧客数と営業成績を詳細に示し、その実績が本部の主張とは正反対の結果であることを明らかにした。

それによると、２０１３年から２０１８年までの６年間、松本の店舗には年間35万人台から40万人台という極めて多数の顧客が来店し、売上高は年間2億２０００万円台から2億３０００万円台の高い数字をコンスタントに維持している。セブン本部が主張するように、松本が「暴力的挑発」や「車への有形力の行使」、あるいは「喧嘩腰の強要」など犯罪行為に近い顧客対応を繰り返していたなら、客は寄り付かないはずであり、このような営業成績を収めることなどまったく不可能である。

また開店当初、セブン本部が全社的に力を入れていたポイントカード「nanaco」の獲得では、３日間で１０００件以上の契約を獲得し、当時の西日本記録を達成したのをはじめ、２０１３年11月から15年7月までの計11回の調査で、松本の店舗は東大阪地区約80店のうち獲得件数は平均して14位、13年12月25日付調査では第1位、２０１５年６月以降の計4回の調査では3～5位とトップクラスであった。「nanaco」カードは顧客の継続利用を推奨・督促するポイント加算システムであり、仮に店主が「異常な顧客対応」をする人物なら契約の獲得など到底期待できない。ところが、松本は獲得件数でも利用数でも常に上位にランクインする成果を上げていた。

それだけではない。セブン本部が毎週発行する営業成績速報「東大阪 Walker!」によれば、２０１３年11月3日付から15年1月25日付までの合計１３０回の調査結果（対象78～86店舗）において、主力の15商品のうち8割の12品目で松本の店舗が平均を上回り、「フライヤー販売金額」では13位、「中華まん」は3位、「カフェ」19位と上位を占めていた。松本が経営する店は、営業成績が下がるどころか上昇傾向にあり、本部主張の「異常な顧客対応」が事実に反することは数字で裏付けられていた。

こうした好成績をふまえて、２０１４年11月ごろ、当時のＯＦＣは、セブンの「西日本物流管理」担当の役員2名を伴って松本の店舗を訪れ、成績優秀店として紹介したほか、複数の加盟店オーナーに店を見学させていた。

松本弁護団のこれらの主張に対し、セブン本部の代理人は「被告店舗は住宅、工場などが密集する交差点に位置し、高い売り上げなどは恵まれた立地条件の反映に過ぎない。レジ対応はほとんどアルバイトが担っていた」などと反論した。

これまで5回の口頭弁論は、松本の支援者やセブン社員らで傍聴席が埋められ、12人分の記者席も常に満席だった。司法担当記者が法廷の弁論を毎回取材するのは、この裁判が社会的に注目を浴びているからだけではなく、双方の主張と反論のやりとりが緊迫感に満ち、ほとんどの記者が裁判の行方に予測不能な展開を感じたからだろう。この時点ではどちらが勝訴するか、まったく先が読めなかった。

盗撮した「頭突き」映像は証拠価値ゼロ

セブン本部は、この口頭弁論に先立つ進行協議などの際、松本による顧客への「暴力」（頭突き）場面が録画されたという映像の存在を繰り返し主張していた。このため、松本弁護団はその正当性を確認するため、法廷での録画映像の上映を裁判所に申し入れたが、セブン側が「画質が粗い」ことを理由にこれに強く反対し、第5回口頭弁論では上映が見送られていた。しかし、裁判長は8月20日の次

セブン本部が盗撮し、法廷で上映された映像。
真ん中部分の駐車場が店舗だが、人物はほとんど見えない（2019年10月11日）

回法廷で公開上映することを決め、松本の「暴力」が本当のことなのか、その「証拠映像」を公の場で検証することになった。裁判は大詰めを迎えつつあった。

2021年8月20日の第7回口頭弁論からは裁判官が交代し、冒頭、問題の盗撮映像が法廷で上映された。店舗向かいのマンション6階の室内から、窓ガラス越しに固定カメラで駐車場を撮影したというビデオ動画で、セブン本部によると「被告・松本の顧客への暴言、暴行（頭突き）場面」である。

52インチのスクリーンにプロジェクターで投影された動画は、約40メートル離れた場所から定点観測用の固定カメラで撮影されたとあって、店舗駐車場への車の出入りは確認できるが、人間の動きはほとんど映っておらず、意味不明な短い発声を除き、音声も入っていない。当然ながら、松本の顧客に対する「暴言」「暴行」を確認することはできなかった。固唾をのんで見守った傍聴者、記者たちは肩透かしをくらったようなものだ。こんなものに証拠価値がないのは明らかであり、セブン本部が法廷での上映に強く反対したのは、この結果を自覚していたからだろう。

ところが、セブン本部は、この3分ほどの短い動画の中に松本の暴言、暴行のすべてが記録されている、と繰り返し主張した。そして最終準備書面（2022年2月15日付）では、あろうことか、「頭突き暴行事件の被害者」Mと「加害者」松本の一挙手一投足、さらには双方の口論内容についてまで、映像を分秒単位に分けて、こと細かに8ページにわたって詳述したうえ、「被告・松本は頭突きに慣れている」とまで断言した。常人には判別できない映像・音声であっても、セブン本部（または代理人）は「神の目」を備えているらしく、すべてを見通すことができるようだ。

この「頭突き暴行事件」なる騒動は、セブン本部が「異常な顧客対応」の中でも特に重要とした57件のうちの1件で、2019年10月11日に発生した。

セブン側の主張によると、ハイエースに乗って駐車したガス工事業経営のMと従業員ら3人のうち、従業員の1人が上半身裸になって着替えていたところ、店主の松本が走り出て「こりゃ！」と大声で一喝し、「駐車場で何着替えようとしとんのじゃ」「お前らどこの現場のもんじゃ」と怒鳴りつけた。Mが「ここに車を停めて、服を着替えて、何が悪いの？」「（どこの現場か）関係ないでしょ」などと答えると、松本は「何じゃ、お前！」と怒鳴りながら、Mに詰め寄り、少なくとも3回頭突きを入れた。Mと松本はもみ合いになり、車に倒れ込んだ。その後、松本が「殴ったろか」と挑発したので、言い争いになったあげく、たまらずMが警察に通報した。到着した警察官は防犯映像を確認し、店主が頭突きしたことが認められる、とMに伝えた。

松本の説明は、これとは大きく異なる。ハイエースの外で着替えている男性がいたため、女性客の迷惑になると考え、「ここで着替えされたら困ります」と注意した。するとMが「うるさいんじゃ。着替えしてるだけやろ」と答え、何度注意しても改めなかったので、どこの現場の人間か尋ね、勤め先に注意を喚起しようとした。

というのは、当時、松本の店舗近くで大きな工事があり、その現場労働者たちによる長時間の無断駐車、建築廃材の放置などの迷惑行為が続き、現場責任者に問題を指摘していたからで、松本はMも同じ現場の職人かと考え、勤め先を尋ねたのである。

ところがMは「うるさい！」と顔を近づけてきて松本の額にぶつけ、双方押し合いになった。松本は自分から手を出さないよう、両腕を背中の後ろで組んで対峙したが、Mは松本の胸倉をつかみ、車両の中に引き込んだ。松本は頭突きをしなかったし、殴ったろかとも言わなかった。防犯映像を見た警察官は、松本が車両に引きずり込まれたのが確認できる、と話した。松本は、Mが二度と来店しないと約束するなら、自分から被害届を出すことはしない、と警察官に伝えたところ、Mがそれを了承したので事件はこの時点で一旦は解決した。しかし、Mは5か月後になって、逆に自分から被害届を警察に提出した。

両者いずれの説明が正しいにしろ、はっきりしているのは、この「頭突き」事件を撮影したという録画映像には、頭突きの場面も双方の言い争いの内容も一切記録されていなかったことだ。松本に言わせれば、やっていないことが映っているはずがないわけで、「暴力、暴言」の証拠だというセブン本部の主張は、完全に崩れたといえる。

Mをめぐる騒ぎの真相は、この後に実施された本人への証人尋問によって浮かび上がることになる。

「すべての苦情を本人に伝えた」は嘘だった

第7回口頭弁論に続き、松本弁護団が注力したのは、セブン本部の社員らが提出した陳述書の内容と客観的証拠（ライン）の矛盾を突くこと、そして松本と妻がいかに利用客の立場に配慮した店舗運営に努めていたかを立証することであった。

弁護団は「準備書面10」（21年10月6日付）において、2017年10月5日から翌18年10月30日までの三嶋OFCと松本のライン連絡116件を一覧表にまとめたうえ、この期間中に松本が三嶋から「顧客対応」に関して「苦情が多い」「対応が悪い」などと注意されたり、改善を求められたりした連絡は1件もなく、ましてや松本が対応の改善要求を拒否したことを示すライン連絡など存在しないことを明らかにした。ところが、三嶋OFCは陳述書の中で、松本の顧客対応について「単に苦情が多いというだけでなく、苦情に対する考え方の異常さが際立つ、強烈な印象として記憶に残っています」「お客様相談室に寄せられた全ての苦情について、被告に伝えていました」「苦情があれば、本部からの連絡で、OFCは苦情の全てを事実確認し、対応しています」「私は、松本氏に対し、度々、顧客に謝罪しなければならないと説得を繰り返しましたが、全てのケースで、松本氏は謝罪を強く拒否しました」などと述べている。弁護団は、これらの記述内容は客観資料であるライン連絡と明らかに矛盾しており、まったくの虚偽である、と厳しく批判した。（現在、セブン社員とオーナーとのライン連絡は、証拠が残ることを懸念したのか、禁止されているという）

また三嶋ＯＦＣの後任である堀場ＯＦＣのライン連絡（２０１８年9月20日～２０２０年2月24日）では、期間中の１１１件の連絡のうち「顧客対応」に関するものは1件のみであり、しかもその連絡内容は、とりあえず連絡するだけというもので、松本がその対応を伝えると、堀場は「ご連絡ありがとうございました」と答えて終了していた。セブン本部がこの期間中に「異常な顧客対応」とカウントした件数は（３２６件のうちの）83件だったが、ライン連絡したのはこの1件だけで、残り82件は連絡さえしていなかったのである。堀場のライン連絡はこの1件を除けばすべてが業務関連であり、しかも松本を高く評価する内容が多くを占め、例えば「カニクリーム3位です。すごいですね」「おでん１１３・８％です。おめでとうございます」「nanaco 5位です。素晴らしいですね」などと松本の営業成績を称賛していた。

一方、松本弁護団は新たな証拠として、オーナーの松本とマネージャーの妻・倫子が従業員に対して業務連絡や注意事項を伝え、読了後にサインを求めて周知徹底を図った「れんらく帳」を提出した。松本夫妻は、２０１２年2月の開業から1か月後、店舗従業員には注意事項などを口頭で伝えるだけでは不十分であることに気づき、ノートを連絡帳として使い始めた。証拠提出した「れんらく帳」はその1冊目（２０１２年3月5日～）から4冊目（２０１４年10月9日まで）の4冊だった。

「れんらく帳」に記された内容は、松本と妻が店舗経営、顧客対応のために懸命の努力を重ねていたこと、松本が「異常な顧客対応」をしていなかったことはもちろん、顧客の立場をよく考えて経営していた事実が示されていた。一例を挙げれば、松本の店では、顧客が「nanacoカード」のチャージを行った際、従業員が預かり金のお釣りを渡し忘れ、後で客が取りに来た場合、お詫びの印として500円プラスして手渡すことにしていた。「お店の信用を落とす」ことがないようにするための措置で、従業員には間違いを再三注意していた。また深夜の迷惑客は相手にせず、何かあれば「オーナーと話してくださ い」と伝え、何時でも構わないからすぐに松本に電話するよう指示し、「うちの店は気持ち良く買い物をして下さるお客様のためのお店です。気持ちよくできない人、他のお客様に迷惑な人はこちらからお断りします、がお店のモットーです」と書いていた。来店客への対応でも「あいさつの基本の徹底をお願いします。ドア開いて入ってこられる時、出ていかれる時、レジでお客様に対応していてもさっとそちらの方を向いて、必ず『いらっしゃいませ』か『ありがとうございました』か、どちらかを言えるように徹底して下さい。あと誰か声を出したら、必ずオウム返しをして下さい」と注意喚起していた。

「れんらく帳」は、顧客サービスのための指示を松本夫妻が従業員にこと細かに伝達し、従業員もこれに応えて積極的に改善に取り組み、お互いに提案、助言も行うなど、職場環境がきわめて良好であることを伺わせる内容となっていた。セブン本部は、従業員に対する松本のパワハラなどによって、他店と比べて退職が早いと非難したが、賃金支給表などで確認できた2012年から2019年までの従業員総数133人のうち、過半数の74人が半年以上勤務し、1年以上の勤務は44人、2年以上15人、3年以上も8人に及んだ。学生アルバイトのうち大学卒業まで勤めた者は10人もいた。セブン側の資料によれば、他の7店の従業員採用者数（2019年度）が合計69人だったのに対し、退職者数はこれを上回る83人であった。セブン－イレブンの店舗では早期退職者がきわめて多いのが実態であり、松本の店舗における従業員の退職者数は他店と比べて遜色はなく、むしろ長期勤務者が目立つのが特徴といえた。

「松本さんを支援する会」は2021年10月9日、会員ら54人が参加して、大阪市内で第2回総会を開いた。

会長の宇都宮健児弁護士は「松本裁判に勝利し『フランチャイズ規制法』につなげよう」と題して記念講演し、弁護士になった当初は仕事がなく、弁護士会から紹介されたサラ金事件を引き受けたことを契機に、サラ金の高金利・過酷な取り立て・過剰融資の「三悪」を規制する立法運動に取り組み、2006年12月、画期的な改正貸金業法を成立させた経験を詳しく紹介。この法律によって、年率15～20％を超える貸付は禁止されるとともに、年収の3分の1以上の貸付を禁止する総量規制が導入され、多重債務被害は急速に減少していった、と報告した。そのうえで「現在のコンビニ経営では高額なロイヤルティや24時間営業の強制などで、加盟店オーナーは奴隷的な労働を強いられている。現行の独占禁止法などによる規制ではまったく不十分であり、フランチャイズ契約を規制する法整備が必要」と述べ、サラ金規制立法を成立させたときのように、全国の加盟店オーナーが連帯し、市民とともに運動を広げよう、と呼びかけた。

総会では、主任弁護士の坂本団が「裁判の到達点と課題」を報告。セブン側の陳述書は、担当社員とのライン連絡、好調な営業成績など客観資料と矛盾し、「頭突き」の証拠だとする盗撮映像には証拠価値がなく、本部の「内部連絡票」でも松本氏の非は証明できなかったと指摘し、セブンの「恥知らずな抵抗」をやめさせ、裁判所が安心して勝訴判決を書けるようにするには、松本氏を応援する大きな世論が不可欠だと強調した。

フリー討論では、ドミナント戦略による売り上げ不振、時短営業に対する契約更新拒否の不安などに悩むオーナーたちが、現場の苦境を生々しく発言したほか、コンビニ関連ユニオンは「松本さんの闘いに励まされ、全国各地で約２２００店が時短営業に踏み切っている」と報告した。

セブンにはカスハラ対策のマニュアルもない

第７回口頭弁論の後の進行協議の結果、次回弁論（10月15日）に続き、証人尋問は11月24日と12月8日の両日、ともに午前10時から午後5時まで、地裁の２０２号大法廷で終日かけて実施することが決まった。審理の長期化を避けるため、元アルバイト従業員や近隣住民は証人採用から外された。

双方の証人申請を裁判所が調整した結果、セブン本部側の証人としては店舗指導員ら社員４人と「頭突き」事件の〝被害者〟であるM、松本側はオーナーの松本本人と元店長（長男）の２名とし、それぞれの時間配分も確認された。この証人尋問が裁判の行方を決する最大の山場になるとあって、セブン本部、松本側いずれも傍聴者を大量動員し、弁護団の総力戦が展開されるのは必至であった。

証人尋問に先立つ第8回口頭弁論では、松本弁護団が10月6日付の「準備書面10」（前項参照）に沿って、セブン社内の業務報告書、内部連絡票によっても本部は松本の顧客対応をさほど問題視しておらず、「異常な顧客対応」は事実を誇張・歪曲した主張だと強調した。セブン本部の代理人は、「松本の店舗への苦情は近隣店舗の11～19倍と桁違いに多く、『迷惑客には、3回注意しても態度を改めなかった場合に毅然と対応した』という松本の主張が嘘であることは、ビデオ動画が証明している」と述べた。この期に及んでも、何も映っていない盗撮映像が「暴言・暴力」の証拠だと強弁する、驚きの主張であった。

証人尋問の模様を読み解く前に、予備知識としてセブン本部の店舗管理システムを説明しておきたい。約2万1000店を展開するセブン本部は、全国の地域を22の「ゾーン」に分け、その責任者としてZM（ゾーン・マネージャー）を配置している。関西ゾーンの店舗数は1226店である。この各ゾーンは、さらに「ディスクリクト」という地区に分けられ、その責任者はDM（ディスクリクト・マネージャー）と呼ばれる。DMの下にはOFC（オペレーション・フィールド・カウンセラー）が配置され、店舗の経営指導員として商品販売の促進、利用客の苦情対応などの助言を行う。関西ゾーンでは17人のDMが一人あたり約72店舗、175人のOFCが同約7店舗を担当している。（数字はいずれも2021年8月当時）

証人尋問初日の11月24日、開廷前の大阪地裁の傍聴券交付場所には、黒いスーツ姿の大勢のセブン本部社員と、セブンからアルバイト動員された男女数十人が、傍聴券を求めて長い列をつくった。コロナ禍のため、大法廷の着席者数は通常の半分の28席に制限されており、この日は双方合わせて約170人の傍聴希望者がいたので、競争倍率は約6倍だった。余談ながら、筆者はよほどクジ運が悪いのか、この日を含めて傍聴券の抽選に当たったことは一度もなかった。毎回、法廷取材ができたのは、松本提供の関係者傍聴券のおかげだった。

11月24日午前、最初の証人となったセブン本部の嵐陽一ZM（ゾーン・マネージャー＝地方総責任者）は、松本の店舗には顧客からのクレームが多く、担当のDM、OFCが接客態度の改善を粘り強く説得したが、松本は客の方が悪いと言い張り、改善は見込めなかったと述べ、「被告はかなり危険な人物と思った」と証言した。

これに対し、松本弁護団の坂本団弁護士が反対尋問に立ち、「セブン内部では顧客のクレーム情報すべてを共有し、処理するシステムがないにもかかわらず、松本氏へのクレームはすべて本部や松本氏に伝えていたという根拠は何か」と質問されると、嵐は「（内部連絡票では）確認できない」と述べ、証言を裏付ける文書が存在せず、2019年2月に時短営業を始めるまでは、松本の顧客対応をほとんど問題視していなかったことを事実上認めざるを得なくなった。

また喜田崇之弁護士の追及に対して、嵐ZMは①顧客の迷惑行為（カスハラ）にどう対処するか、セブン社内にマニュアルは存在しない、②カスハラによる従業員のストレスについて詳細は知らないが、安全配慮義務はオーナーの責任となる、③万引きや駐車違反に対するマニュアルも本部になく、オーナーが個別に対応している――などの実態を認めることとなった。この質疑で明らかになったのは、セブン‐イレブンでは客の迷惑行為への対応はすべてオーナー任せであり、オーナーが問題客に毅然と対応すれば店舗へのクレームが増えるという関係は、対策マニュアルさえ備えていないセブン本部が創り出したという事実である。仮にオーナーが「セブン‐イレブン・イメージ」に反する接客態度をとったとしても、その責任は具体的指針を持たず、指導も怠っているセブン本部にもあるということになる。

印象的だったのは、大川真郎弁護士が「今となっては、松本氏の時短営業が24時営業問題に大きな貢献をしたと思うか」と問うたのに対し、嵐ZMが「はい」と答えたことだった。一方で松本を危険人物と非難しながら、他方でその社会的役割を認めることについて、嵐の心中に葛藤がなかったとすれば、彼はさして悪質な企業主義者ではないのかもしれない。嵐は裁判官の質問にも、松本の店舗の売り上げは他店と遜色がないことなどを率直に認めている。ZMは地方の責任者として千数百店舗を統括し、セブン社内でも部長級の重要ポストであり、関西ゾーンのマネージャーともなれば相当なエリートである。だが、この裁判の終結後、嵐はなぜかZMを解任され、セブン&アイ・グループの子会社に転籍されている。

陳述書を書き換えた矛盾に立往生

11月24日午後の証人尋問では、午前の嵐ZMに続き山本幸弘DMが「被告（松本）の暴力行為、警察沙汰については文書で警告はしていなかったが、口頭では何度も注意していた」などと供述した。

これに対し、西念京祐弁護士は、山本DMが当初の陳述書（2021年3月17日作成）では「契約解除の紛争（激突）を回避するため、松本氏に対し、敢えて、直接、異常な顧客対応の改善を求めず、例外的な対応でしたが、担当OFCをして、松本氏の被害を受けた顧客に対して、説明と謝罪を行わせておりました」と記載していたのに、この証人尋問の1週間前に新たな陳述書（2021年11月17日付）を提出し、「敢えて、直接、異常な顧客対応の改善を求めず」としていた部分を「異常な顧客対応に関し、敢えて改善勧告書等の書面による改善を求めずに、口頭で改善を求めており」に訂正した事実を指摘し、時短前に接客対応の改善を指導していなかったのではないかと問い質した。山本は「整合性をとっておきたかっただけ」などと、十分な説明を行わず、さらに追及されると回答を拒否するありさまだった。

山本DMの当初の陳述書は、2019年2月の時短営業までは松本を特別扱いし、顧客対応の改善を求めなかったものの、2月1日付通知書で初めて「異常な顧客対応を是正しなければ、契約解除も厭わない」という原則的な方針に転換したと説明していた。つまり、山本DMは開業から7年もの長期にわたり、契約解除を回避するために敢えて松本に改善を求めなかったと主張しているわけで、それで済む程度の顧客対応の問題は、そもそも「契約に関する重大な違背」（基本契約46条2項9）にあたるはずがない。それに気づいたセブン本部は、山本に陳述書を書き換えさせ、「書面による改善を求めずに、口頭で改善を求めた」と修正したのである。口頭での改善指導であれば客観的証拠は残らないから、どのようにも言い繕える。

この問題については、裁判官も「被告（松本）を特別扱いしていたなら、内部連絡票で顧客対応に関する結果を報告するべきではないか」と質問したが、山本はまともに答えられず、顧客対応の問題が契約解除になりえることを松本には説明していない、と述べるにとどまった。

続く証人である元セブン社員の吉田聖史は、2014年から2年ほど松本の店舗をOFCとして担当した人物である。吉田は在任期間中に「お客様相談室」に寄せられた松本の店舗への苦情76件すべてについて、松本と事実確認を行い、セブン-イレブン・イメージを損なう対応であれば、顧客に謝罪するよう説得を試みたものの、松本はすべて顧客が悪く、自身には一片の非もなく謝罪の必要はないという態度で、一貫して自説を曲げなかった、とする陳述書を提出していた。しかし、松本弁護団の坂本がそれぞれの苦情に関して対応を厳密にただしたところ、内部連絡票に記録が残っている44件のうち、松本の対応に問題があったと報告されたのは1件に過ぎず、吉田の主張は明らかに事実を歪曲・誇張していること、すべての苦情を松本に連絡し、事実確認したという陳述には裏付けがないことが暴露された。

また吉田は、松本が顧客と「殴り合いの暴力沙汰」を繰り返し、「警察に何回も連行された」などと陳述していた。坂本弁護士がこの主張について、誰から聞いた話なのかと反問すると「布施署と松本の妻から」と答えたものの、その回数を「1回だけか2回以上か」と質されても「記憶にない」、警察官の名前を問われても「覚えていない」と述べるしかなかった。布施署員も妻の倫子も事実に反することを語るはずがなく、吉田陳述書の虚構は証人尋問でも浮き彫りになった。

松本によると、吉田OFCは妻の倫子が亡くなった当時、近隣の加盟店オーナーの夫人とともに焼香のために松本宅を訪ねている。そんな気遣いをした男が、死人に口なしと思ったのか、会社の意に沿ったウソの証言をするのを目の当たりにし、松本は人間を信じられなくなったという。

セブン本部のOFCではこのほか、三嶋邦彦と堀場孝臣の二人が証言した。

三嶋OFCは、セブン本部代理人のK弁護士の質問に答える形で、松本がすぐにカッとなる性格で自制心が効かないこと、顧客の苦情は松本に口頭かラインで伝えていたこと、苦情への対応は時間がかかる内部連絡票より電話での報告が多かったことなどを供述した。ところが喜田弁護士が反対尋問に立ち、松本の店舗を担当していた2年間、本部が松本に顧客対応の改善をあえて求めなかった理由や、その権限が誰にあったかなどを問われても、「わからない」「覚えていない」などを連発し、ほとんど回答不能の状態だった。また三嶋OFCは駐車場を有料化して以降、苦情は一時的に減少したが、すぐに増えて元に戻ったと証言しながら、喜田にその件数を質問されると「件数は調べていない」と述べ、あいまいな「感覚」の話に過ぎないことを露呈した。このような証言が信用できないことは、あえて指摘する必要もないほどであった。

堀場証人はセブン側の申請ではなく、松本弁護団が反対尋問の必要性を裁判所に訴えて採用された。加苅弁護士は、堀場が「松本は自身の非を認めたことがない」と供述したことに対し、トラブルの具体的な事例を複数あげて、松本が誠実に謝罪している事実を指摘し、追及したところ、彼はまったく答えることができなかった。さらに堀場が内部連絡票への虚偽記載など、杜撰な業務を行っていた実態も明らかになった。これらの事実からも「すべてのクレームについて松本に確認等を行っていた」とする堀場の供述は、到底信用できるものではなかった。

コピペ陳述書と人格攻撃の責任は？

証人尋問1日目のOFC（経営指導員）らの証言から確認できたのは、彼らが提出した陳述書の内容が共通して事実に反していることだった。

OFCたちは、証人尋問前の陳述書の中で、極めて似通った独特の表現で、松本が一切の非を認めず、謝罪もしなかったと記述していた。それは以下のとおりである。

吉田OFC＝「しかし、松本氏は、如何なる苦情であっても苦情の原因に関し、一貫して、全て顧客が悪く、自身（松本氏）には一片の非も無く、謝罪も改善も全く必要がないという態度で、そのような独特の自説を曲げませんでした」

三嶋OFC＝「しかし、松本氏は、それらの内、1件たりとも、私に対し、苦情を申し立てた顧客に非は無かったとか、あるいは、実は松本氏に非があったとか、松本氏の責任を認めたことは一切無く、『客が悪い』の一点張りで、顧客に謝罪したことはありませんでした」

堀場OFC＝「苦情対応において、松本氏は、兎に角、苦情に係るトラブルの原因に関し、他罰的に全て顧客が悪く、自身（松本氏）には一片の非も無く、謝罪も改善も全く必要が無いという、全く聞く耳を持たず、一貫して、独自独特の自説を曲げませんでした」

山本DM＝「ところが、松本氏は、苦情やトラブルの内容を問わず、常に、兎に角、他罰的に全てを顧客が悪く、自身（松本氏）には一片の非もなく、謝罪も改善も何ら必要がないと一貫して主張しており、顧客対応の改善に関しては、聞く耳を全く持たない状態でした」

以上を通読しただけで、これらの記述は、独自の言い回しと癖のある短文の連続、古めかしい漢字表記などで共通していることに気づく。このような文体は、陳述書をとりまとめた訴訟代理人が代筆したと考えるのが普通であり、そうであれば事実に反する虚構を強く誘導した文書を作成した弁護士の責任も問われよう。この問題は、セブン本部社員たちの陳述書に限らず、近隣住民や元従業員らによる大量の陳述書（第6章「松本敵視の陳述書の正体」参照）にも一致して見られ、どれも松本の人格を激しく攻撃する内容であるだけに、常軌を逸する所業と思われた。

「支援する会」ホームページ掲載（高宮信一氏作）

ともあれ、この日の証人尋問では、本部が時短営業を始めるまでは松本の顧客対応をほとんど問題視せず、改善を強く指導していなかったという事実は、社員らも否定することができなかった。松本に対する「一貫して非を認めない」といった非難についても、OFCらはそれを裏付ける資料を示すことができず、松本弁護団の反対尋問に答弁を拒否するケースが相次いだ。

また社員らの供述によって、セブン本部には迷惑客や万引き犯、迷惑駐車などに加盟店オーナーがどう対応するべきなのか、具体的な行動指針やマニュアルさえないことが明確になった。これでは、どんな行為がフレンドリーサービスに反するのか、まったく明らかではなく、接客態度はオーナーの裁量に委ねられていた。そうであれば、松本の顧客対応の是非について、セブン本部はたやすく認定できないはずだ。ところが、セブン本部は契約解除の口実として、あえて「異常な顧客対応」を持ち出し、事実を著しく歪曲・誇張した主張を展開したのだった。しかもセブン側は、顧客対応の問題が契約解除の原因になる可能性があるとは松本に伝えず、具体的な注意や改善の指導も行わないまま、盗撮を含む証拠集めに奔走していた。加盟店契約の解除という重大な案件にもかかわらず、セブン本部が必要な手順を踏んでいなかったことは明白だった。

閉廷後、松本弁護団は「支援する会」の報告集会で、これらの事実を詳しく報告し、支援者たちは各弁護士の健闘を讃えた。

「頭突き」事件は、告訴も金銭供与もセブンがお膳立て

証人尋問2回目の12月8日午前、セブン側で唯一の社外証人として出廷したのは、「頭突き」事件の被害者というMである。

この「頭突き暴行事件」では、先述のとおり、セブン側の盗撮動画が法廷で上映されたものの、人物の動きや音声を判別することはできなかった。ところが、セブン本部の代理人は、「暴行を受けたことは間違いない」と主張するMへの尋問をこの動画の進行時刻に沿って進め、Mにはイエス、ノーで答えさせた。このため、喜田弁護士はすかさず立ち上がって「異議あり」の声をあげ、内容に争いがある動画を使った質疑は「誘導尋問だ」と強く抗議した。裁判長もこの異議を即座に認めた。202号法廷は、証人尋問が始まってすぐ緊張感に包まれた。

Mは尋問に先立って2通の陳述書を提出し、2019年10月11日の事件当日の模様を説明していたが、2通の内容は主要部分で不自然に変遷し、この日の供述でも不合理な発言が続いた。

当初の陳述書では、松本から「暴言・暴行」を受けたのが「買い物をした後」としていたのに、後に提出した陳述書では「(駐車場に)到着後、店舗に入る前に」と変わり、同様に、松本から怒鳴られた時刻も「駐車してから10秒しか経っていなかった」から「駐車後約50秒で着替えを終えて、それから約20秒してから」に変遷した。頭突きへの対応についても、当初は「衝撃を回避しようと後ずさりして衝撃を緩和した」と述べていたが、後の陳述書では「頭突きを全く想定していなくて、大きく後

ろにのけぞった」と説明を変えている。

これら陳述内容が変遷した理由について、松本弁護団が反対尋問で問い質すと、Mは「事件の動揺や興奮状態のために覚えていないことがある」「後の陳述書は代理人（K弁護士）の事務所で、動画を見ながら（語った）」などと弁解した。だが、記憶していて当然のはずの「暴言・暴行」の根幹部分の説明が揺れるのは、そもそも松本による暴行の事実を疑わせるに十分だし、盗撮動画に沿った説明の変更は、代理人が都合良く解釈して書いた可能性がある。

この日の供述でMは、松本がハイエースに近づいた後、「おまえらどこの現場のもんじゃ」と一方的に怒鳴り、その怒鳴り声は「めちゃめちゃ大きかった」ばかりか、立て続けに「もうずっとなもんで」などと説明した。ところが、セブン側の盗撮動画には一瞬の大きな音を除けば、松本の大きな怒声などは一切収録されておらず、Mの供述は動画と整合していなかった。

またMは、松本からの頭突きに関して、体が吹っ飛ぶほどの頭突きを鼻の辺りに2回も食らった、と証言したが、病院で治療を受けることもなく、自分で湿布さえしていなかったことを認めた。頭突き被害の態様については、裁判長も「鼻をかすったのか、ゴツンと当たったのか」「痛みはあったか」「相手の身長が高くないと、鼻に当たらないが、どんな姿勢の頭突きだったのか」と、詳しく説明を求めた。これに対しMは、「当時を振り返るのは難しいが、鼻の上部にゴツンという感じ」「アドレナリンが出ていて、痛みはよく分からない」「頭突きの姿勢は覚えていない」など、あいまいな答えに終始した。体が吹っ飛ぶほどの2回もの頭突きを食らった、という供述はセブン代理人の誘導である疑いが濃厚だった。

もっと重要なのは、Mが松本を刑事告訴したのは事件から5か月も経った2020年3月だったことである。もしMが本当に頭突きを受けたなら、ただちに警察に被害届を提出し、証拠確保のために防犯カメラの映像を保存させ、被害を証明する診断書を求めるはずである。Mはそうした行動を一切とらず、セブン本部の代理人に盗撮動画を見せられて初めて刑事告訴に動いている。しかもその手続きは、K代理人から紹介された弁護士に依頼し、セブンの盗撮動画を証拠として警察に提出していた。お膳立てはすべてセブン本部が行っていたのである。

Mは刑事告訴した理由について、テレビ報道などで見た「松本の被害者ヅラに我慢できなかった」と語ったが、その一方で、この裁判で松本の暴行が認定された場合、セブン本部と示談する予定であることを明らかにした。つまり、セブン本部は相応の示談金をMに提供する約束をしていた可能性があり、金銭供与を伴う証言であれば、Mが嘘の供述をする動機は十分にあった。

Mの刑事告訴は結局、嫌疑不十分で不起訴処分に終わっている。告訴を受けた警察、検察はMや松本から事情聴取を行い、提出された動画を分析し、現場を臨検した警察官からも聞き取りをしたはずだが、そうした捜査をもってしても頭突きの事実は認められなかったということである。捜査機関の最終判断とMの供述は、大きく乖離していた。

この事件について、午後の証人尋問に立った松本は次のように振り返った。

「ハイエースのそばで着替えている男に対して、女性客もいるので注意しましたが、いきなり『こら―っ』と怒鳴ることはなく、『すみません……』と話しかけました。ところが、車内にいたMが『なんじゃこら』と大声をあげながら出てきて、目前に迫りました。二人の職人を前に、社長としての威厳を示したかったのだと思います。Mの頭が私に当たり、お互いに押し合いになり、車内に引き込まれたので押し返して、車外に出ました。呼ばれた警察官が防犯カメラを点検し、『あなたが車に押し込まれている』『完璧にあなたの方がやられている』と確認しました。Mは被害届を出していません」

不起訴処分は当然の結論だった。

物証なく、セブン代理人があせりの尋問

松本側から証言に立ったのは、店長を務めた長男（松本昴典）と松本実敏本人の二人である。弁護団が松本本人以外に証人申請しようとしたのは、長男の店長および元従業員だったが、裁判所の要請によって長男だけにしぼられた。

ちなみに、採用されなった元従業員には、松本の店舗ではレジの並び方やゴミ、トイレ、駐車場などに関するルールがあったので働きやすい職場であったこと、ほとんどの顧客はルールを守ってくれたが、ごく一部の迷惑客とのトラブルはあり、その場合はオーナー自らが対処し、従業員は対応しないよう指導されていたこと、オーナーは迷惑客にも最初は丁寧な口調で対応し、いきなり怒鳴ったりしなかったこと――などを立証してもらう予定だった。この元従業員は、証言の代わりに、これらの

事実を記述した陳述書を提出している。

証言した長男の昴典《こうすけ》は、「オープン当初から顧客に愛され、地域に貢献する店舗とすることをめざし、この目標を毎朝、従業員と読み合わせていました」「店の雰囲気を悪化させないよう、レジの順番を守らなかったり、家庭ゴミを持ち込んだりする迷惑客には注意しましたが、丁寧な言葉遣いを心がけました」などと、淡々と供述した。コンビニの仕事については「連続勤務や理不尽な客が絶えず、心も体も蝕むきつい仕事」としながらも、セブンの歴代のOFCらに関しては「オーナーに寄り添っている印象で、いい人たちでした。厳しく指導されたことはありません」と語った。

「横柄な客の口調にあわせた対応をするのか」と、裁判官に問われた昴典は「柔らかく接すると逆に相手がエスカレートする場合があり、自力で解決するためには相手の口調にあわせることもあります」と説明した。複数の元従業員たちが松本オーナーを批判する供述書を提出していることには「なぜこんな陳述をしたのか、人はこれほど変わるのか、関わりがなくなるとこんなものなのか、驚きました」と話した。

松本実敏本人への尋問は、喜田弁護士が担当した。松本は喜田の質問に答えながら、要旨次のように供述した。

「時短営業に入るまで、私は毎日午前8時ごろから午後8時頃まで、妻はマネージャーとして午前9時から午後8時頃まで勤務し、アルバイト従業員のシフトに穴が開いたときなど、さらに遅くまで働くこともしばしばありました。休日はほとんど取れず、開業から閉店までの約7年間で私が休んだのは延べ2週間程度、1年当たり3日ほどに過ぎません。1か月の労働時間は300時間以上です」

「妻の死亡後、負担はさらに増大したため、2018年5月頃から営業時間の短縮を以前にも増して真剣に考えるようになり、担当OFCの三嶋氏に伝えましたが、ラチがあかず、2019年2月1日からの時短営業を山本DMに伝えました。山本氏は『わかりました』と答えたので、了解されたものと思いましたが、その日の夕刻に契約解除の通知書を持参し、文書での本部との合意がなければ時短営業は認められない、と言うので嵐ZMとの面談を求めました。2月7日、大阪地区事務所で嵐氏に会い、『契約解除は困るので、時短はやめるが、24時間営業を回すために本部がシフトを援助して欲しい』と要望しました。しかし、嵐氏は『もう何を言っても、解除は免れない』と述べ、違約金として1700万円が必要と言いました。このとき、顧客対応の問題は一切議論していません」

「2月21日、私は嵐ZMの上司である西日本統括マネージャーの稲葉氏と面談しました。この中で稲葉氏は『深夜のフォローを有償で入れるので、24時間営業に戻さないか』と提案しました。ただし、フォローは1週間程度であり、その間に従業員を募集して態勢を整えて欲しいという趣旨でした。では、他の加盟店オーナーにも支援があるのか、再び人手不足になったとき、また支援してくれるのかと尋ねると、支援は松本オーナーに1回限りということなので、私は提案を断りました。今になって助けると言うのは、メディアで報道されたからなのかという質問にも稲葉氏は答えませんでした」

これに続き松本は2019年3月以降のセブン側との面談、交渉の経過や迷惑客とのトラブル事例などについても詳しく説明したが、第5〜6章で報告した内容と重複する部分が多いので、ここでは省略したい。

松本の供述への反対尋問に立ったセブン本部代理人のK弁護士は、「異常な顧客対応」に関する物証がないあせりなのか、信頼関係を崩壊させた責任は松本にあるという言質を取ろうと躍起になり、「セブン－イレブン・イメージ」を損傷したとする事例を矢継ぎ早に取り上げ、一方的にまくしたてたが、裁判長から「もういいでしょう」「やめましょう」と2回も制止される始末だった。

最大の主戦場となった証人尋問は、セブン本部の主張の大部分を松本弁護団が突き崩し、松本側が圧勝したといえる。なぜなら、延べ十数時間に及んだ当事者双方の供述を通じて、契約解除の理由である「異常な顧客対応」とは、セブン側が周到に準備し、つくりあげた事実の誇張・歪曲、捏造の数々であることがはっきりしたからだ。裁判官たちが、一連の証言や準備書面を冷静・客観的に読み取れば、よもや松本が敗訴するとは考えられなかった。

第8章　セブンの主張を鵜呑みにした地裁判決

証人尋問に続く第10回口頭弁論は、2022年2月18日に開かれ、この日で結審となった。これに先立ち、双方が提出した最終準備書面は、セブン本部側が145ページ、松本側が117ページという膨大な分量であった。

この口頭弁論期日の当時、筆者は新型コロナウィルスに感染して療養しており、法廷を取材することができなかった。そこで弁論の模様などは、当日の裁判資料、支援する会の「松本ニュース」などから引用してお伝えしたい。

最終弁論に立ったセブン本部代理人のK弁護士は、「既に、主張すべきこと、反論すべきこと、証明すべきことは、尽くしており、本日の口頭弁論期日で、裁判所に対し、申し上げることは、特段、ございません」と、自信に満ちた口調であった。この発言は、K弁護士提出の最終弁論書面からの引用だが、文体はセブン本部のOFCらの陳述書とまったく同じで、句読点がことさら多く、相変わらず独特である。

この最終弁論でK代理人が強調したのは、報道機関への異様な要求だった。すなわち、傍聴席の記者たちが判決前に双方の主張を報道するのなら、セブン側の最終準備書面の内容をよく確認するだけでなく、松本の「異常な顧客対応」に関して陳述書を提出した顧客、近隣住民、元従業員、近隣店舗オーナーたち（合計24人）にも取材するよう求めたのである。コンビニの24時間営業に批判的だったマスメディアに対して、セブン本部はよほど不満があったのだろう。とはいえ、法廷でこんな要求を公言するのは報道機関への牽制であり、記者活動への介入・干渉でもある。この会社と代理人らのマスコミに対する特異な姿勢は、最終場面まで変わることがなかった。

争点を明示し、事実と証拠にもとづき最終弁論

松本弁護団の最終弁論は、坂本団、西念京祐の両弁護士が担当し、この裁判の争点について、①松本側に契約解除の理由となる契約違反行為があったか、②仮に違反行為があった場合、それは「信頼関係破壊の法理」に照らして、容認される契約解除にあたるか、③契約解除に必要な「催告」の手続きが有効になされたか――の3段階の構造であると指摘。さらに、セブン本部が松本とのフランチャイズ契約の解除にあたり、真の意図とは別の理由を掲げた場合、その解除は解除権を乱用するものとして無効といえるか――についても問題になる、と強調した。

そのうえでそれぞれの争点について、次のように主張した。

まず「契約違反行為の有無」では、松本の顧客対応が「セブン‐イレブン・イメージ」に違反すると本部はいうが、その条文には店舗の形状、配色、店内レイアウト、看板などの外観に加えて、品ぞろえ、清潔さ、制服などと並び「接客方法」が記載されているだけで、一体、どんなケースが契約違

反になるのかまったく分からない。セブン本部はこの裁判で「接客方法」の内容とは、基本4原則の一つである「フレンドリーサービス」のことだと言い、それは「お客さまに気持ちを込めて接客する」ことだと説明した。やはり具体性はまったくない。セブン本部が松本の契約違反行為だとする内容とは、このような極めてあいまいで抽象的なイメージに反するということに過ぎない。

本部は、契約違反行為にあたる「異常な顧客対応」として57件の行為をあげるが、そのほとんどについて十分な立証すらしていない。「頭突き」事件の当人の供述は根幹部分が大きく変遷し、具体性もなく、信用性が乏しいことが明らかになった。顧客の迷惑行為にどう対応するかは、オーナーに裁量が与えられており、そのやりとりに関して「フレンドリーサービス」に違反するなどと、本部がたやすく認定することはできない。

フランチャイズ（FC）契約は「信頼関係破壊の法理」によって、契約を解除できる場面が制限され、違反が重大で改善の見込みがないなど、「当事者間の信頼関係が破壊された」と評価できる場合にしか、解除は認められない。この点、松本は送金、チャージなどFC契約の本来的債務の不履行はなく、OFCからも店舗経営の努力・工夫に努めるオーナーと評価されていた。時短営業に入るまでの7年以上の間、本部が顧客対応を理由に契約解除を問題としたことはなく、時短以降もZM、DMから顧客対応の改善を指導されたことはなかった。相互の信頼関係がすでに7年以上続いていたにもかかわらず、突然、一方的に顧客対応を問題視し、改善の見込みがないと評価するのは、あまりにも乱暴である。FC契約の解除は、オーナーの生計の手段を奪い、甚大な不利益を与えることに照らせば、松本のツイッター投稿や顧客対応が、信頼関係を破壊するほど重大で背信的な契約違反行為であったとは、到底認められない。

契約解除の要件として「催告」が必要とされるのは、債務者に債務の履行を追完する機会を与え、契約関係を維持する利益を保護するためと考えられている。従って、催告にあたっては、債務者がその債務を履行するのに要する相当な期間を定めることが求められるが、セブン本部は12月20日付の解除通知で、期間をわずか10日間に区切った催告を行った。契約解除の緊急性がないのに、年末の繁忙期にきわめて短い催告期間を設定したうえ、松本が誓約書を提出して、期間の延長を要請したにもかかわらず、本部はまったく応じることなく、12月31日に契約解除を強行した。催告期間があまりに短かすぎる場合は、有効な催告を欠くものとして、その契約解除は無効である。

セブン本部が、わずか10日の催告期間で契約解除を強行した本当の理由は、それまでの通知内容の変遷をたどれば知ることができる。最初の契約解除通知（2019年2月1日）では、24時間営業の中止を理由にあげ、次に契約解除に言及した社長名の内容証明郵便（同年8月23日）では、深夜時間帯以外の休業（日曜休業）に踏み切れば契約を解除する、と牽制した。3回目が12月20日の催告兼通知書であり、このときは前2回の通知と異なり、ツイッター投稿と異常な顧客対応を問題にするものだった。問題はその日付であり、当時、松本は元日休業を問題提起し、これが報道されて再び社会の注目を浴びつつあった。そこで、元日休業問題の広がりを懸念したセブン本部は、催告期間を10日に限定し、12月31日をもって契約を解除することを譲らなかったのである。こうした事実経過に照らせば、本部の意図は松本の影響力を排除することにあったことが十分に窺え、「セブン－イレブン・イメージ」を著しく損傷した、などという解除理由は口実に過ぎない。問題解決に向けた誠実な協議を行わず、別の理由をつけて契約を解除することは、権利の乱用にあたり、認められない。

和解協議は成立せず、判決を求める

第10回口頭弁論で結審が告げられ、判決言い渡しを6月23日と指定した直後、裁判長から「話し合いで解決できないか」という打診があった。この発言をきっかけに、非公開の場で和解について協議されることになったことから、一部報道では「和解協議へ」の見出しが躍る場面もあった。

しかし、西念京祐弁護士によると、この協議は裁判長が和解案を示して、和解を強く勧めるようなものではなく、社会的影響の大きい事件であることから、裁判所が双方に対して慎重に中立姿勢を保ちつつ、話し合いによる解決の可能性を検討するよう働きかけてみた、という趣旨であった。

結審後の記者会見で、「もし和解するなら、本部にどんな条件を求めるか」という記者の質問に対して、松本は「各店舗オーナーが自由に非24時間営業を選択できるよう、セブン－イレブンのフランチャイズ契約を改定することです」と答えている。この発言は、24時間年中無休営業の契約に縛られて、命さえも犠牲にすることがあってはならない、という松本の一貫した思いの表われだった。

松本弁護団は、3月18日の和解協議の当日、基本的には判決を望んでいるとしたうえで、この松本の思いを伝えた。裁判官たちが、松本の望む対応ができるかセブン側に確認したところ、やはりというべきか、本部は「非24時間営業については、すでに柔軟に対応している」と答えたという。ただ、それは松本が一石を投じたことが契機になった、と付け加えたそうだ。

裁判所としては、無理に和解を提案するのではなく、双方が判決を望むのであれば一審としての判断を示す、という姿勢であり、この日で和解協議は打ち切られた。

提訴から約1年半、松本の弁護団会議には「支援する会」から小林康二の長女、由香子がほぼ毎回、参加していた。事務局長の小林康二は当時、体調を崩しつつあった。結審後の「松本ニュース№10」（2022年4月25日号）には、「弁護団会議に1年6か月参加して」と題し、小林由香子が次のような一文を寄稿している。

「本部が強行した『契約解除・店舗明け渡し』裁判で、松本オーナーが仮処分事件を担当していた弁護団を解任し、現在の弁護団に事件を依頼したのは2020年9月でした。

以降、私は概ね月2回のペースで開かれた弁護団会議に『支援する会』事務局を代表して参加し、5人の弁護士がこの事件にどのように臨んできたかをつぶさに見てきました。

当時、本部側が裁判所に提出していた証拠書類や準備書面などは、既に厚さ10センチを超えており（その後も大量の書面が追加）、それを読み込むだけでも大変な労力を要するものでしたが、弁護団はベテラン・中堅・若手を問わず自由闊達に討論して、一つひとつ丁寧に検証しました。

まず、本部が主張する『松本オーナーの異常な顧客対応』に反論する作業に取り組みました。続いて、本部は松本オーナーの顧客対応を問題視していたのなら、是正させるために具体的指導をすべきであるにもかかわらず、ほとんど行っていなかったことを、本部側の書証から解明し、相手側証人の反対尋問で追及・暴露しました。傍聴したほとんどの会員は『圧勝』を確信したといいます。

就任して1年半という短い期間に、これだけの量と質の弁護活動を行い、本部側を追いつめた弁護団の尽力に、私は心から敬意を表します。前の弁護団が担当した仮処分事件がほぼ本部の主張を認めるものであっただけに、裁判における弁護士の重要性を改めて痛感しました。

とはいえ、裁判所の判断が弁論や尋問内容を反映したものになるとは限らず、判決はふたを開けるまで分からないのが現実です。今はただ6月23日を静かに待ちたいと思います」

確認済みの争点を無視した不意打ち判決

小林由香子が心静かに待った大阪地裁の判決は6月23日、セブン本部の主張を全面的に認め、松本に店舗明け渡しと違約金相当の約１４５０万円の支払いなどを命じる不当な内容であった。判決を言い渡したのは横田昌紀裁判長と岡野哲郎、織川逸平の各裁判官。日本には約３０００人の裁判官がいるが、この3人の氏名は歴史に残る〝不意打ち判決〟を書いた人物として、記録にとどめる必要がある。

地裁判決の最大の特徴は、裁判の争点であった「異常な顧客対応」の57件について事実認定を行わず、代わりに３２６件の苦情やセブン社員の陳述書の中から勝手に39件を取り上げ、松本による乱

一審敗訴判決後に記者会見する松本氏
（2022年6月23日、大阪地裁前）

暴な言動があったと決めつけたことだ。

一審でセブン本部が「異常な顧客対応」として特定したのは、苦情一覧表から抽出した49件とそれ以外8件の計57件であり、松本弁護団はこれらすべてに詳細に認否反論していた。地裁判決は「判断に重要なもの」として39件をピックアップしたが、このうち争点となった57件に含まれているのは12件に過ぎず、3分の1にも満たない。つまり、裁判官たちはセブン本部でさえ主張せず、従って松本側がまったく認否も反論もしていない別の27件を独断で選び、松本顧客対応が異常だったと結論づけたのである。契約解除を有効とする判断の根拠が突然示されたため、松本弁護団は反論の機会を一切与えられないまま、全面敗訴の結論を押し付けられたわけで、まさに「不意打ち判決」というほかなかった。

横田裁判長らは、第8回口頭弁論（2021年10月15日）の場で、審理の対象となるのはセブン本部が特定した57件であることを確認して、当事者双方の主張一覧表を作成している。ところが、地裁判決はこの57件の一覧表を別紙として添付しながら、その3分の2以上を「判断に重要なもの」から除外した。そのうえで、松本による「利用客らへの有形力の行使」として6件、「乱暴な言動や侮辱的な話し方」として26件の合計32件を契約解除事由にあたると認定した。だが、この「有形力の行使」6件のうち2件、「乱暴な言動など」26件のうち21件については、セブン本部が設定した争点には含まれておらず、当然ながら、松本側は認否反論していない。自らが指揮した審理の経過（争点整理）を無視して、別の事案から解除事由を一方的に抜き出す裁判官らの行為は、「結論」ありきの判決を書くためであったとしか思えない。

判別不能の盗撮映像で「頭突き」を認定

地裁判決が常識はずれの事実認定を行った典型例は、証拠価値のない「頭突き」事件の映像の扱いにも見られた。判決はこの盗撮動画について「（二人の）詳細な動作は確認することはできない」「詳細な発言内容は確認することはできない」としながらも、驚くべきことに、以下のように分秒単位で松本とMの行動を詳細に認定した。

「10月11日の状況を撮影した映像上、Mの同僚が車の左側の助手席付近で着替えていたところ（13：39：52）、被告（松本）が本件店舗の中から小走りでMらに駆け寄り（13：41：27）、Mらに近づいた時点（13：41：34）で、大きな声が発せられたことが確認でき」、「上記映像では、被告が車の助手席付近で着替えていたMの同僚に近づき（13：41：36）、その後、Mが車の左後部スライドドアを開けて外に出て（13：41：50）、被告が本件店舗を背にし、Mが車のスライドドアを左手前付近に立つ形で相対していること（13：41：52）、その後、相対する男性の1名が後ろにバランスを崩す形で、車の左後方スライドドアから社内に倒れ込んだこと（13：42：10）が確認でき」、「上記映像では、Mおよび被告の詳細な動作を確認することはできないものの、被告とMが相対した後、Mが後方にのけぞり、その後に被告とMが車内に倒れ込んだことが確認できる」「被告とMの詳細な発言内容は確認できないが、被告が本件店舗から出た直後に怒声がしたことは確認できる」――。

判決は、これら裏付けのない認定事実を前提に、Mの証言は映像と整合するから信用できるとして、Mに対する松本の「暴行」（有形力の行使）はあったと断定した。しかし、盗撮動画は、遠く離れたマンション室内からの固定カメラによる撮影のため、自動車周辺で誰が何をしているのか、映像も音声もまったく判別できず、判決は事実を捻じ曲げて映像と音声を描写したというほかない。見えないものが見えたかのように、セブン本部の主張に沿って証拠映像を解釈しておきながら、その事実認定とMの証言は整合すると言うのは、まさに自作自演の詭弁である。しかも地裁判決は、Mがこの裁判で頭突きの事実が認定されれば、セブン本部から示談金を受け取る約束をしていた疑いが濃厚であり、虚偽の証言をする動機があるという不都合な事情には一切触れないまま、Mの供述が信用できると判断している。すべては結論ありきの認定であることが明らかだった。

このほかの事実認定でも、例えば近大関係保護者との駐車場トラブル（第5章参照）の録音について、松本は当初から「有料やけども、停めないでくださいと言われてませんか」と穏やかに対応しているにもかかわらず、地裁判決はこれらの部分を完全に無視して、松本がいきなり「クラス教えて、お金払ったらええっていうもんちゃうねん」と言ったかのように描いている。これでは保護者側が松本を挑発し、エスカレートしていった録音の状況とは真逆である。その後のやりとりも文脈を無視して、あえて松本の乱暴な口調を抜き出す恣意的な認定を行い、「乱暴な言動」の一つに数えた。同様に、店外ゴミを持ち込んだCに対する松本側の対応についても、地裁判決は、セブン本部の協力者であり、反対尋問を行っていないCの陳述書だけを根拠に、契約解除事由にあたる「乱暴な言動」とカウントした。いずれも都合のよい発言をつまみぐいし、事実を著しく歪曲した認定だった。

こんな判決を書いた裁判官の名を忘れまい

横田裁判長らが書いた判決は、こうした恣意的な事実認定をもとに「被告（松本）は、少なくとも平成28年から令和元年にかけて、接客に際し、反復継続して、利用客に対し、乱暴な言動や侮蔑的な話し方をして、利用客からお客様相談室に対し、苦情が申し立てられた」とし、その苦情件数は近隣のセブン‐イレブン店舗に比べて、群を抜いて多く、布施警察署に対する通報件数も極端に多いから、松本の接客対応はセブン本部が重視するフレンドリーサービスを逸脱し、ブランドイメージを低下させるものであり、契約解除の事由に当たると判断した。またカスタマーハラスメントが社会問題化していることは認めつつも、「仮に一部の利用客に問題があったとしても、被告（松本）は、全国的に統一されたブランドイメージを確保するために相当な接客対応をすることが求められているから、被告独自の基準による接客対応が許されるものではない」と決めつけた。

フレンドリーサービスとは、一体、どのような規範なのか。セブン本部は「お客さまに気持ちを込めて接客する」と抽象的にしか述べず、迷惑客にどう対応するかについては具体的な指針を用意していない。にもかかわらず、地裁判決は、店への苦情や警察への通報が群を抜いて多いから、松本の接客対応は「フレンドリーサービスを逸脱」したと断定し、利用客の迷惑行為に毅然と対応したことにも「被告独自の接客対応は許されない」と、一方的な表現で非難した。迷惑客への対応はオーナーの裁量に委ねられ、トラブル時には警察を呼ぶよう指導されていた事情などをまったく無視するばかりか、事実上、オーナーのカスハラ対策を否定し、時代錯誤の接客対応を押し付けつける結論だった。

セブン本部が「異常な顧客対応」とともに、契約解除の理由とした松本の「SNS投稿」について、一審判決は、セブン本部への誹謗中傷に該当し、社会的信用を低下させ、経営陣に対する人格攻撃にほかならず、正当化できないとして、契約解除はこれらの行為で「信頼関係が崩壊した」ことが原因だと判断した。松本の投稿は、セブン経営陣に対する相応の批判、論評だったが、百歩譲って一部が誹謗中傷にあたることを認めるとしても、セブン本部は2019年12月20日の解除通知にいたるまで、松本に対してツイッター投稿の批判に対して抗議したことも削除を要求したこともなく、むしろ敢えて指摘せずに放置し、わざと是正の機会を与えてこなかった。松本は解除通知を受けてすぐ、ツイッターアカウントを閉鎖しており、一定の警告や要請を受けていれば、店舗を守るために投稿を削除しただろうし、同じような投稿が続くことはなかったはずだ。事実、社内情報にツイートした投稿は、本部の要請で即座に削除している。このような事情を考慮せず、たった1回限りの催告で信頼関係が破壊されたと断じるのは、契約解除を正当化するための一方的な解釈というほかない。

地裁判決は総じて、セブン本部の主張をそのまま肯定する一方、松本側の反論を根拠なく全面否定することによって、契約解除は有効とする結論を導く構成となっている。そこで、判決がどんな論理展開で松本弁護団の主張を排斥したのか、以下に要旨を紹介しておこう。

松本弁護団の主張＝①セブン本部が主張する異常な接客対応には、重複するものや実質的には苦情と認められないものが含まれているうえ、利用客の申告内容は虚偽または都合の良い事実だけが申告されることがある、②セブン本部の内部連絡票にも苦情に対するOFCらの対応結果が記載されていないものが多く、利用客の苦情は本部も問題視していなかった、③本件店舗の利用客数および売上高は、近隣店舗と遜色ない水準であり、利用客から支持されている証左である、④セブン本部も松本オーナーに対して感謝状を送付しており、接客対応を問題視していなかった、⑤カスタマーハラスメントが社会問題化する中、松本オーナーは異常な利用客に対し、毅然と対応したに過ぎない。

地裁判決要旨＝①確かに、本件店舗に関する苦情には、利用客に問題がある事例などが散見されるが、一部を除いて、内部連絡票が作成された苦情については、利用客に問題があるとはうかがえない。利用客とトラブルになった事例でも、被告が「毅然かつ穏当」（カギカッコ筆者）に対応することは可能であるにもかかわらず、被告は「即時かつ敵対的」（同上）に対応した、②内部連絡票に被告に対する担当OFCの注意や指導の記載がなくても、被告は渡邊取締役との面談の際、担当OFCから苦情を伝えられていることを認めている、③本件店舗の利用者、売上高は東大阪地区で平均以上であるが、コンビニ店の利用者、売上高は立地、競合店舗の有無などの要因に左右され、接客対応のみに左右されるものではない。本件店舗の周辺には、多くの小規模事業所や近大・近高・近中があるなどの立地条件を考慮すると、問題のある被告の接客対応を否定する根拠にはならない、④セブン本部は過去2回、被告店舗に宛てて祝意・感謝の意を表する書面を送呈したが、これは開店1周年や5周年の節目に合わせて、定型の書式で一律に作成、送付するものであるから、本部が被告の接客対応を問題視していなかったことを裏付けるものとはいえない、⑤カスタマーハラスメントが社会問題化していることは公知の事実であるが、仮に一部の利用客に問題があったとしても、被告は加盟店としてブランドイメージを確保するための相当な接客対応を求められるから、独自の基準による接客対応は許されない。

この地裁判決の①から⑤の判断は、すべてセブン本部の主張をほとんどそのまま引き写したものといってよい。裁判官たちは恥も外聞もなく、それほどセブンの企業論理に引っ張られてしまっている。しかも、それぞれの判断では、例えば②の渡邊取締役との面談の際の松本発言は、「一部の苦情をOFCと共有したが、問題はすべて解決した」という趣旨であるのに、それを歪曲して引用し、セブン本部と同じ論法で松本を批判している。また①では、利用客とのトラブルに対しては「毅然かつ穏当」に対応すべきとし、「即時かつ敵対的」な松本の対応を非難したが、では「毅然かつ穏当」な態度とは、具体的にはどんな行動なのか、判決は何も示していない。駐車料金を踏み倒す者や万引き犯たちに「穏当」に接すれば、逃亡を許すことにならないのか。裁判官たちはコンビニ店舗の現場の実態など、まったく理解していないのである。

この判決が出るまでの法廷を傍聴していた支援者の一人、野村佳代は「松本ニュース№13」（2023年3月20日号）に、「あんな判決出るはずがない」と題し、次のような感想文を寄せている。

「裁判官というのは『えらく』て『カシコイ』人がなるものだと思っていた。しかし、どうやら幻想だったらしい。『人が裁く』ということは『裁く』人の資質に左右されるということを、いやというほど思い知らされた。

今回の地裁判決は、その意味で心底失望した。つまるところは、裁判官が『長いものに巻かれた』のか、あるいは単に裁判官としての仕事をサボったのか、はたまた問題や証拠を理解するアタマを持ちあわせていなかったのか。一連のやりとりを普通に聞いていれば、あんな判決が出るはずがない。こういう資質の裁判官から冤罪は生まれるのだと思った。

また大企業に雇われた弁護士のこじつけのような弁論は醜悪だ。傍聴人を前にして恥ずかしくないのだろうか。自分の子どもや家族に、自分の『仕事』を、胸を張って見せられるのだろうか。

この事件は、消費者としても看過できない。『お客様のため』と言いながら、結局は会社の利益のためにしか動かない体質の企業から、いい商品、いいサービスが生まれるとは到底思えない。

最近つくづく、どこかに『必殺仕事人』はいないだろうかと思うのである」

判決後、支援者らの報告集会を兼ねた記者会見が開かれ、松本は「事実に則った判決ではなく、本部の言い分をそのまま認めた不当な判決だ。控訴審に向けて、嫁も天国から頑張れと言ってくれると思う」と語った。また記者らの質問に答えて「時短営業の声をあげて以降、本部の圧力があってもセブン‐イレブンの1割以上にあたる約2500店で時短が広がっている」「ただし、この判決によって他の店舗オーナーが萎縮しかねず、だとすれば大変申し訳ない」などと発言。弁護団からは、争点無視の「不意打ち」判決に対する批判をはじめ、「オーナーの苦しみに目を向けず、企業利益を非常に重視した判決であり、24時間営業問題の判断から逃げている」「ブランドイメージを守るため、カスハラ客に毅然と対応してはならない、とした判決は大問題」「結論ありきだから、見えない動画が見えるなど、事実や常識に反する判決となった。控訴審で逆転したい」などの声が上がった。支援者の一人は「こんな判決では、命を落とすオーナーがもっと出るのではないか。本当にひどい裁判官たちだ」と話した。そのとおり、私たちはこのような判決を言い渡した裁判官たちの氏名をしっかり記憶にとどめたい。

第9章　一審よりひどい高裁判決と最高裁の追認

大阪地裁判決を不服として、松本弁護団は2022年9月22日、大阪高裁に141ページに及ぶ控訴理由書を提出した。その論旨は次の3点である。

①原判決（地裁判決）は、一審において当事者双方も裁判所も争点として特定した「異常な顧客対応」（57件）については事実認定を行わず、代わりに松本側が認否反論すらしていない多数の苦情を独断的に取り上げ、松本オーナーによる利用客への有形力の行使や乱暴な言動があった、と決めつけた。しかもその判断の際には、セブン本部の内部資料である「内部連絡票」を全面的に信用し、その中の記載が現実に起きたものと認定した。

しかし、内部連絡票はもともと松本側が提出を要求した結果、セブン本部も出さざるを得なかったもので、その内容にはセブン側の主張と矛盾する記載が多数含まれていたため、むしろセブン本部の「異常な顧客対応」という主張は根拠がないと評価すべき証拠だった。一審判決はこの内部連絡票のうち、判決の結論に都合の良い部分を、つまみ食い的に拾い出して、誤った事実認定をしたものであり、あまりに異常かつ杜撰というほかない。

②セブン本部の「異常な顧客対応」なる主張は、事実経過を適切に評価するなら、契約解除を正当

化するための口実に過ぎないことが明らかである。

過労死寸前までに追い込まれた松本オーナーが、やむにやまれず深夜休業を断行したところ、セブン本部は松本との契約解除を画策した。ところが、松本の店舗の深夜休業は大きな反響を呼び、公正取引委員会までが24時間営業の強制は優越的地位の乱用に当たりうるとの見解を示すに至ったため、深夜休業を理由に契約を解除することができなくなってしまった。そこでセブン本部が持ち出したのが顧客対応の問題なのであり、まさしく契約解除の口実にほかならない。

松本は、オーナーと家族が人間らしく働けるコンビニにするため、深夜休業のみならず、日曜や元日も休業する意向を表明し、全国のコンビニオーナーの共感を呼んだ。しかし、多数のコンビニが深夜や日曜に休業すれば、本部の利益は大幅に減少する恐れがあり、それはセブン本部として到底容認できる事態ではなかった。だからこそ、発言するオーナーである松本を本部は排除しなければならなかった。本件契約解除の目的はそこにある。

③一審判決は、松本によるツイッター投稿も契約解除理由として認定しているが、セブン本部も認めているように、本部はツイッター投稿についてあえて注意してこなかった。問題にしたのは、最後の解除通知が初めてであり、これを受けて松本は直ちにすべての投稿を削除している。にもかかわらず、契約解除が認められるとすれば、無催告解除を認めるに等しい。

控訴理由書は、このように指摘したうえ、一審判決が「判断に重要なもの」として取り上げた39件のうち、争点として提示されず松本側が認否反論していない27件について、詳細に事実関係を明らかにして反論するとともに、39件全件に対しても一審判決の誤りを批判した。この事実認定に関する認否反論の記述だけで、控訴理由書の3分の1以上にあたる58ページに達し、控訴理由書の提出期限内の作業であるだけに、弁護団の苦労がしのばれた。

控訴審で杜撰な地裁判決を徹底批判

「セブン‐イレブン松本さんを支援する会」は2022年10月15日、大阪市内で第3回総会を開き、会長職を多忙な宇都宮健児弁護士から小林康二事務局長に交代し、小林が会長職と事務局長を兼務する役員人事などを確認した。

この総会で松本は次のようにあいさつした。

「不当判決を受けて、憤りを抑えるのに相当の時間を費やしました。敗訴でオーナーも声を上げにくい状況になっているとも聞いています。そんな中、弁護団のご尽力で控訴理由書が完成しました。本部が契約解除の理由だと主張する私の顧客対応は、顧客の間違いをただすから起こることで、本部も7年間理解していました。いまさら、顧客のクレームを理由に契約解除するのは辻褄が合わないことが、今回の控訴理由書で明白になっています。時短営業だけでなく、私が日曜休業や元日休業をうち出し、他のオーナーも追随する動きを見せたため、本部は元日の前日に契約解除に踏み切ったというのが実際のところです。弁護団が大変な作業で書き上げた控訴理由書に、私は改めて力をもらいました。自分の信じた道をこれからもまっすぐに、美しく、進んでいきたいという思いです」

総会では一審敗訴を受け、支援者から多くの意見が出された。フランチャイズ契約に詳しい愛知大学の木村義和准教授（当時、現在・教授）は「裁判ではカスタマーハラスメントに対する松本さんの対応が問題にされたが、判決はカスハラに対しても穏当に対処しなさい、という趣旨だった。全国には6万店舗のコンビニがあり、毎日どこかでカスハラが行われているのに、本部は何の対応もしない。こんな職場で誰が働きたいだろうか。二審では勝訴するよう、これからも応援する」と激励。コンビニ問題を継続取材しているジャーナリストの北健一は「スーパーやコンビニで働く人たちは『お客様は神様』という考えのもとに、必要以上の低姿勢を求められ、カスハラで身も心も傷ついている。暴力や理不尽な要求で店の環境を破壊する客は、警察を呼ぶなどして排除すべきで、裁判所も店側の毅然とした態度を後押しすべきだ。高裁ではそんな視点で闘ってほしい」と要望した。

筆者も発言し、「控訴理由書は非常によくできている。ただし、腑に落ちないことが1点ある。本部は19年7月、松本さんの店を全国の時短営業第1号店とするための協議を提案したが、松本さんが『社長でないと協議に応じない』と拒否したと主張し、地裁判決もこれを追認している。本部の提案が事実とすれば、松本さんはなぜこれを断ったのか、その経緯について誰もが納得いくように説明しないと、裁判所に対しても説得力に欠けるのではないか」と、率直な疑問を提起した。

筆者のこの発言については少し説明が必要だ。「契約解除は時短営業への意趣返しだ」という松本側の当初（前の弁護団）の主張に対して、地裁判決は「山本DMは7月11日、非24時間営業の契約変更約定書を持参して本件店舗を訪れ、その内容を説明したが、被告（松本）は『永松社長から直接説明してもらわなければ対応できない』と述べた。山本ＤＭが、社長の代理である旨を被告に説明しても、被告は、ＺＭやＤＭからの説明では対応するつもりはないと述べ、非24時間営業への契約変更をしようとしなかった」と認定した。つまり、セブン本部が時短営業を容認する方向に転じ、松本との間で時短営業を認める契約変更をする意向を示したのに、松本がこれに応じなかったのであるから、「したがって、本件催告解除は、時短営業への意趣返しということはできない」という結論を導いたのである。控訴趣意書にはこの部分への反論が書かれていないので、補強が必要ではないかというのが筆者の発言の趣旨だった。「なぜ契約変更に応じなかったのか」という疑問は、判決を読んだマスコミ記者の一部も感じていた。

この点に関して松本弁護団は２０２３年2月28日、控訴審の準備書面(1)を提出し、「松本オーナーが時短営業を認める契約変更に応じなかったという事実認定は誤り」であるとして、次のように反論している。

①松本オーナーが、時短営業への契約変更を拒むはずがないことは、事実経過に照らして自明である。２０１９年2月1日から時短営業に踏み切った直後、本部は松本に契約解除すると告げたが、マスコミ報道でセブンへの批判が高まる状況下、3月11日には契約解除を撤回し、違約金の請求も行わない旨を伝えた。これにより契約変更の約定書を取り交わすまでもなく、本件店舗では時短営業が認められる状態になっていた。

②コンビニ会計と呼ばれる特殊な会計システムの下では、24時間営業は本部に大きな利益をもたらす一方、加盟店は深夜の売り上げの少ない時間帯に、割増賃金を負担して人員を確保する必要があり、利益を圧迫しているのが実態である。

③この利害対立の構造によって、加盟店には時短営業の経営上のメリットがあること、時短営業を開始した加盟店に対し、本部がチャージ率（上納金率）の引き上げを求めていることなどをマスコミに公表しないよう、本部は松本オーナーに求めていた。こうした守秘義務を課すやり方は、他の加盟店から時短営業についての相談を受けていた松本には容認し難く、本部による優越的地位の乱用だと考え、見直しを求めていた（その後、守秘義務は撤回させた）。

④契約改定をめぐる協議は単純ではなく、時短営業の実施体制や条件などの議論が必要な段階であった。このため、松本が協議の打ち切りを告げたことはない。社長との面談を求めたのは、当時の社長が「今後はオーナーらと膝を交えて話し合いたい」と述べていたからで、社長と会えなければ協議できないと伝えたのではなく、会えないなら別の条件（例えば、営業時間をオーナーの判断に委ねる）に契約書を変更するなど、全国の加盟店が納得できる提案をするべきではないか、と訴えていた。松本が時短営業への契約変更に応じなかったかのようにことさら強調するのは、明らかな事実誤認である。

控訴審の準備書面(1)では、地裁判決が裁判の弁論主義に反することも厳しく批判している。弁論主義とは、当事者のどちらもが主張していない事実を裁判の基礎としてはならないという裁判の大原則で、もし裁判官がこの原則に反するなら、当事者のあずかり知らない事実が勝手に認定され、反論の機会もないまま敗訴する可能性がある。ところが、地裁判決は当事者が主張せず、争点整理の結果である57件の別紙一覧表にも記載されていない事実を勝手に認定し、契約解除は有効だと判断した。まさに弁論主義に反する不意打ち裁判であった。

また地裁判決の事実認定の誤りについては、前述の契約変更問題のほか、2019年12月の解除通知の際、松本が報道陣に対して事実に反する説明を行い、信頼関係を破壊させたと判断したことなどを強く批判。判決は松本の発言のうち、本部の主張に沿った一部分を都合よく抜き出し、不当な結論に導いたことを詳細に明らかにした。さらに松本の店舗の立地が良いと決めつけた地裁の認定に対しては、店舗の半径2キロ以内にセブンだけで9店、セブン以外のコンビニも3店あり、激しい競争状態にあること、近大関係者にとって松本の店は不便な位置にあることなどを事実で示し、松本オーナーが常に平均以上の売上を達成していたのは、懸命な経営努力の結果であると強調した。

高裁は松本本人尋問を認めず、即日結審

この準備書面の提出に先立つ2022年12月23日、大阪高裁で開かれた控訴審では、松本オーナーが意見陳述した。

この中で、松本は「顧客対応に関して、私が非常識な行動を仕掛けたことは一度もなく、長時間駐車やレジ列の割り込み、ゴミの持ち込みなど、すべてのケースで客の迷惑行為が先にありました。客の苦情についてOFCから説明を求められたことはありますが、すべて了解され、叱責されたり指導

されたりしたことは一度もありません。確かに、口の利き方に気をつけるよう助言されたことはあり、その点は私にも反省はありますが、その程度のことで終わっていたのです」「私の時短営業は、妻が死亡し、長男も精神疾患となって働けなくなり、やむなく踏み切ったものです。しかし、時短営業は他のオーナーに与えた影響があまりに大きく、私のようなオーナーを内部に置いておけないと判断し、本部は顧客対応とツイッター投稿を口実に契約解除を強行しました。どうか私の言動を判断するにあたっては、発端から結末までの全体状況を見ていただき、顧客の迷惑行為に目を向けてくださるようお願いします」と語った。

続いて意見陳述に立った坂本団弁護士は、控訴理由書の趣旨に沿って、地裁判決が不意打ち判決であり、12月20日の本部の催告に松本はできる限りの対応をしたこと、本部が契約解除を強行したのは、夜間休業だけでなく日曜・元日の休業を表明した松本を排除するためだった、と主張した。一方、セブン本部のK代理人は「一審判決は的確」と述べ、契約解除は松本が顧客への暴行・暴言を反復継続させ、ツイッター投稿で会社と役員を誹謗中傷したことなどが理由であり、審理は尽くされた、として即日結審し、判決日を指定するよう求めた。

松本弁護団は、一審が不意打ち判決だったことをふまえ、反論のために松本本人の尋問を行うことを大阪高裁に求めていた。ところが、大阪高裁はこの日の控訴審口頭弁論で追加の本人尋問を認めず、判決日を4月27日に指定する乱暴な訴訟指揮を行った。裁判長は、セブン本部の主張に反論する松本側の準備書面の内容によっては、弁論再開もありうると述べたものの、頭突き映像について「見えませんね。評価の問題でしょう」などと法廷で語っており、公正な判断は期待薄であった。一体、見えない映像をどう評価するというのか。

結局、松本の本人尋問は実施されないまま、控訴審の口頭弁論は1回で終わり、高裁判決は裁判長の指定どおり4月27日に言い渡された。その内容は、あろうことか、杜撰な一審判決よりさらに大きく後退し、非常識きわまるものだった。

客の苦情、陳述書を丸呑みした異常な2審判決

高裁判決が一審判決に輪をかけて不当だったのは、セブン本部が提出した苦情の証拠をすべて信用したばかりか、近隣住民や元従業員らの陳述書の記述まで事実として認定し、松本の顧客対応に問題があったと非難したことだ。これらの大量の陳述書については、一審で松本側が反対尋問を強く求めたが、大阪地裁は早期判決のため人証を絞る必要があるとしてこれを採用せず、反対尋問を経ない陳述書の証明力は限定的であるから、それのみで安易に事実認定はしない約束になっていた。従って、一審判決は近隣住民、元従業員らの陳述書にもとづく事実認定は行っていない。

ところが高裁判決は、陳述書のみで「近隣住民等も、例外はあるものの、多くは、控訴人（松本）に怒鳴られた、酷い扱いを受けた、失礼な物言いをされた、よく警察沙汰になっていた、胸を突き押された、喧嘩腰で言われたなどと非難している。本件店舗の従業員も、一部を除き、多くは、控訴人の言動は酷く行き過ぎだし従業員にも厳しいなどと批判している」と認定し、「これらの点は、いず

れも控訴人には、自己の認識や主張が正しいと思えば、均衡を失した過剰な対応をする傾向があり、その顧客対応に問題があったことを裏付けるものということができる」と決めつけた。この中で「例外があるものの」とあるのは、松本側も元従業員、近隣住民の陳述書を各一通提出していたためだが、要するに高裁判決は、一審、二審通じて反対尋問の機会すら与えられなかった陳述書の記載だけを根拠に、不当極まる結論を正当化したのである。松本弁護団は、これに対して「採証方法における不当な不意打ちで、審理を尽くしていないことは明白である」（上告受理申立理由書）と、厳しく断罪した。

しかも大阪高裁は、一審の不意打ち判決に認否反論するための松本本人尋問の申し立てを却下し、1回で結審しながら、「苦情一覧表（内部連絡票）に記載の事実は、（57件の）当該主要事実の存在を推認させる間接事実となり得るものであるから、これらの事実の存否がおよそ攻撃防御の対象ではなかったなどと解することはできない。したがって、原審（一審判決）が、控訴人（松本）の顧客対応に関し別紙57件以外の事実を認定したことは、実質的に見て不意打ちであるということはできない」として、まったくの形式論で松本側の「不意打ち」批判を退けた。苦情一覧表が形の上では審理対象だったとしても、松本弁護団は争点の57件以外には認否すらしておらず、実質的には明らかに審理の対象外だった。にもかかわらず、高裁判決は、57件以外の苦情に関して立証・反論の機会を奪ったまま、一審判決を維持したのであり、一方的な事実認定は高裁でも一切変更されなかった。

高裁判決が非常識だったのは、例えば次のような記述からも明らかだ。

判決は「顧客側に問題があったからと言って、内部連絡票に記載された控訴人（松本）の言動が虚偽のものであるということにはならない」とし、その理由として「顧客の感情が害されたからこそ、苦情申立てがあったものと考えられるからである」と臆面もなく書いている。そして「内部連絡票は、リアルタイムで作成された当時の記録として信用性が認められ、(その記載内容は)特段の事情がない限り、顧客からみた控訴人(松本)の実際の言動を認定するための証拠になる」と言うのである。一体、感情を害された客が苦情を申し立てさえすれば、それが事実だとなぜ証明できるのか、高裁判決は何ら論証していない。内部連絡票は、顧客の苦情内容をコールセンターの係員がメモした伝聞の記録に過ぎず、そのクレームの中には事実の誇張や歪曲、誤認が少なくないことは、セブン本部の社員らも認めている。それさえ無視して、このような稚拙な議論が通用するのなら、もはや裁判における事実認定に証拠は不要となる。大阪高裁の判断は、迷惑行為を行うクレーマー側の論理であり、社会の常識に反するというほかない。この判決を知った他のセブン－イレブン店舗のオーナーは、裁判の報告集会で「客のクレームさえ持ち出せば、本部はいつでも契約を解除できる」と危機感を募らせた。

また高裁判決は、言うに事欠いて「常識的に考えて、他のセブン－イレブン店舗で購入したコーヒーカップを本件店舗のゴミ箱に捨てることや、近大関係者であるというだけで有料化されている本件駐車場に駐車することが『迷惑行為』になるなどといえないはずである」と論難した。コンビニ店内のゴミ箱は、その店で発生したゴミを捨てるためのものであり、ゴミ処理費用をオーナーが負担している以上、同じ系列であっても他店のゴミを捨てるのは迷惑行為にほかならない。近大関係者の駐車も一般客が駐車場を利用できず、売り上げに大きな影響が出るから禁じているのであり、近大付属中高校も松本に迷惑を詫びたうえ、生徒や家族に駐車しないよう繰り返し呼びかけていた。これらを迷惑行為ではないと言い切る高裁判決は、カスハラの実態をまったく理解せず、オーナーの窮状から目を逸らす非常識きわまる判断だった。

一審判決と同様、こんな判決を書いた高裁裁判官の氏名は長く記録に留める必要がある。裁判長は清水響、裁判官は田中俊行、佐々木愛彦である。

判決後、記者会見した大川真郎弁護団長は「セブン本部は本人の知らないところで、松本オーナーに対する人格攻撃の材料を集め、膨大な資料を裁判所に提出した。私たちは裁判所がこれに騙されないよう闘ったが、高裁は問題の本質を見抜けず、地裁以上にセブン側の資料の信憑性を過大評価した。高裁判決は一審より大きく後退している」と強く批判した。松本は「この闘いが24時間営業見直しの契機となり、多くのオーナーから感謝の声が届いた。その成果は喜びたいが、時短営業に逆行する不当判決であり、上告する」と表明した。

最高裁は上告不受理も「負けたとは思わない」

大阪高裁の不当判決を受け、松本弁護団は２０２３年7月11日、最高裁判所に上告受理申立理由書を提出した。その後、事件記録一式は大阪高裁から最高裁第二小法廷に届いたとの通知が、8月14日付で発行された。

西念京祐弁護士の解説によると、高裁判決を争う手段としては上告提起と、上告受理申立の二つがある。このうち「上告受理申立」は、原判決（高裁判決）に法令違反その他の法令解釈に関する重要な事項を含むことを理由とする不服申し立ての方法であり、憲法違反や重大な訴訟手続違反がある場合に限って認められる「上告提起」よりも、幅広い問題点について検討を求めることができるという。

松本弁護団は今回、上告受理申立に絞り、その理由書を作成、提出した。その論点は次の5項目である。

【第1】高裁判決は過剰にブランドを保護し、フランチャイズ契約の本質の理解を誤っている。

高裁判決は、セブンのブランドイメージやフレンドリーサービスといった標語を過度に重視して保護し、これを理由に加盟店それぞれの経営方針や接客方法を制限するものであった。しかし、フランチャイズ契約の一つであるコンビニ加盟店契約は、独立した事業者間の契約であり、支配従属関係にある使用者と従業員の雇用契約とは異なる性質がある。松本オーナーは基本契約下にあっても独立した自営業者なのであるから、店舗経営はセブン本部の利益のために専念するのではなく、自らの利益をあげるために行うのであって、そのために接客対応なども主体的に行っていた。もちろん、店舗オーナーは基本契約の遵守はもちろん、本部のブランドイメージを低下させてはならないが、そのための標語を過度に重視し保護することは許されない。

高裁判決は、来店者に対する接遇が適切であったかどうかの判断基準をセブン本部の「ブランド名」への配慮に置き、迷惑客に注意する際にもセブン本部の「すべての店舗の顧客」を念頭にした処遇を求めた。しかし、「ブランド名」への配慮を接客の基準とするのは、それでなくても優越的地位にある本部の利益をあまりにも保護するものであり、フランチャイズ契約の趣旨に反している。また各店舗オーナーに対し、本部の「すべての店舗の顧客」を念頭に接客することを要求するのは、独立した自営業者をあたかも本部の従業員とみなすようなもので、誤りである。さらに同じフランチャイズ・チェーンのゴミであれば、他店舗のゴミであっても処理すべきだと言うに至っては、本部の利益を保護するあまり、松本オーナーに過大な義務を課すものである。

高裁判決は以上のとおり、独立した事業者間の基本契約をあたかも支配従属関係にある雇用類似の契約関係かのように解しており、これらは判決に貫かれている法令解釈違反、経験則違反である。

松本の店舗の利用者数、売上高などの成績は増加しているが、高裁判決はこれを「減少していない」と言い換え、その実績をわざわざ一審判決の認定より後退させた。そのうえで、松本の店舗への苦情件数は利用者数（年間35万人〜40万人）からみれば、ごく一部に過ぎないから、「利用者数や売上高に直ちに影響するとはいえない」と述べた。そうであれば、店舗経営にすら影響が出ない程度のクレームによって「ブランドイメージの低下」を理由に契約を解除することには、理由はないことになる。

高裁判決には重大な事実誤認、法令解釈の誤り、採証法則違反があり、破棄を免れない。

【第2】審理不尽、採証法則違反

一審判決は、審理の対象として整理した57件については、一部しか事実認定せず、他方で57件には含まれず、したがって松本側が認否反論すらしていない多数の「苦情」に対しては、内部連絡票に記載された事実があったものと認定した。この事実認定をもとに、本件契約解除は有効であると結論したのであり、明らかに不意打ちであった。

松本側は控訴理由書でその旨を主張し、松本の本人尋問を申請したが、大阪高裁はこれを却下し、1回で結審したうえで、判決では「苦情一覧表に記載の事実は主要事実の存在を推認させる間接事実となり得るから、実質的に見て不意打ちであるとはいえない」と判断した。松本側は本人尋問を却下され、57件以外の苦情に関する立証の機会を失ったにもかかわらず、高裁判決は一審判決を維持する一方的な事実認定を行ったのである。

さらに大阪高裁の判決は、不意打ちという点では第一審に輪をかけて不当である。

セブン本部は、一審で近隣住民や元従業員の陳述書を大量に提出していた。大阪地裁の裁判官は、反対尋問を経ないこれらの陳述書からは事実認定しないと明言し、実際、地裁判決は陳述書にもとづく事実認定はしていない。にもかかわらず、高裁判決はこれらの陳述書の記述内容を鵜呑みにし、松本の顧客対応に問題があったと決めつけた。陳述書の作成者に対する反対尋問の機会すら与えないまま、このような一方的な事実認定を行うことは、採証方法における不当な不意打ちであり、審理を尽くしていないことは明白である。

【第3】継続的契約に関する信頼関係破壊の法理についての判例違反

加盟店契約のような継続的取引の一方の当事者が取引を解消するためには、信頼関係を破壊するなど止むを得ない事情が必要とする「信頼関係破壊の法理」が多くの裁判例で採用されている。そのリーディングケースとされるのは、判決が確定した「資生堂東京販売事件」である。この事件で東京高裁は、信頼関係が破壊されたと評価するためには、供給側が事前警告に加えて契約を維持するための努力を尽くすことを求めている。

しかし、セブン本部が問題とする接客方法の契約違反は、本部の極めてあいまいな評価に過ぎず、契約を維持する努力を尽くすどころか、計画的に契約を解除することを画策し、秘密裏に証拠を収集していたのであるから、契約を維持する努力はまったく尽くされていなかったことが明白である。にもかかわらず、高裁判決は信頼関係が破壊されたと評価したのであり、信頼関係破壊の法理に関する判例に違反している。

【第4】催告に関する重大な法令違反

契約解除における催告にあたっては、履行を請求する債務の内容が債務者に分からない場合は、その催告は無効となる。セブン本部は、契約解除にあたり「貴殿の行為により破綻した当社と貴殿との間の信頼関係を回復する所要の措置を取ること」を催告したが、それが何を意味するかは明らかではなく、松本がその具体的内容を繰り返し質問していたのに、一切回答しなかった。本部のこのような催告は、債務の特定が不十分であり、契約解除の前提である「催告」として有効とは認められない。

また、仮に本件催告が有効であるとしても、接客態度が改善したかどうかを判断するには、一か月かそれ以上の期間を要するにもかかわらず、本部はわずか10日間の催告期間しか認めなかった。

高裁判決は、セブン本部が求めた催告の範囲を超えて、松本に「加盟店全体のイメージを回復」させる措置などを加重して求め、催告期間がわずか10日間でも「相当な期間」であると判断した。高裁判決は、民法541条の「催告」の解釈を誤り、債務が具体的に特定されていない催告を有効とし、債権者が求めていない要件を加重して、実行不可能な短期間に債務が履行されていないことを理由に、フランチャイズ契約の解除を認めたもので、催告に関する重大な法令違反がある。

松本の店舗にはセブン本部の催告後、クレームは一切寄せられていない。この事実こそ、松本が催告期間中にセブン-イレブン・イメージを低下させる行為を改めたことを示す最大の事情である。これを一切検討していない高裁判決は、破棄されなければならない。

【第5】カスタマーハラスメントや苦情申立てに関する経験則違反

高裁判決は、「例えば、常識的に考えて、他のセブン-イレブン店舗で購入したコーヒーカップを本件店舗に捨てること」は迷惑行為になるとはいえない、などと判断しているが、これはまさに迷惑行為をする側の論理であり、店舗オーナーたちの負担をまったく理解していない。原判決は、カスタマーハラスメントの捉え方や客の迷惑行為について、誤った捉え方をしていると言わざるを得ず、経験則に違反する判断をしている。

同様に高裁判決は「内部連絡票に記載された内容は、特段の事情のない限り、顧客から見た控訴人（松本）の実際の言動を認定するための証拠になる」とか、「苦情申立ての件数が多いことは、控訴人の顧客対応に問題があったことを推認させる」とも判断している。しかし、内部連絡票は伝聞の記録に過ぎず、誤りが混入する可能性が高い。従って、その記載から松本の実際の言動を認定することは、証拠の評価として誤りであり、経験則違反である。また苦情の件数が多いのは、松本が迷惑客に毅然とした態度を取っていたことの反映であり、決して苦情内容が正しいことを物語るものではない。

上告受理申立に対して、最高裁判所がいつ判断を示すかは予断が許されず、1か月後のこともあれば数年先のケースもあって、当事者は落ち着かない日々を過ごすことになる。

松本の上告受理申立に対する最高裁の決定は、理由書の提出から9か月後の2024年4月14日付だった。最高裁第二小法廷（岡村和美裁判長）は、松本元オーナーの上告を受理しないと決定し、その理由を「本件は、民訴法318条1項により受理すべきものとは認められない」、つまり上告できる理由に当たる判例違反はないとだけ判断した。最高裁は事実認定を一切しないので、決定調書そのものはわずか1ページ、本文は7行に過ぎない。決定は岡村裁判長のほか、三浦守、草野耕一、尾島明の裁判官全員一致の意見だった。

この最高裁決定によって、セブン本部の主張を認め、店舗明け渡しと違約金約1450万円の支払いなどを松本に命じた一、二審判決が確定した。

敗訴確定にあたり、松本は筆者の取材に対し「迷惑駐車や家庭ゴミの持ち込みなど、深刻なカスハラ被害にまったく無関心な判決だったが、多くのコンビニオーナーに時短営業が広がった。負けたとは思っていない」と話した。この発言が負け惜しみではないことは、先に紹介したとおり、松本の時短営業が公正取引委員会や経済産業省を動かし、コンビニ大手3社の時短店舗が２０２４年5月現在、8～10％に拡大した事実からも明らかだ。「たとえ契約書に書いてあっても、24時間営業の強制は人間としてあってはならない」（大川真郎弁護士）という弁護団の訴えは、マスコミや世論の共感を集め、コンビニ業界を追いつめたといえる。

松本元オーナーに弱点はなかったか

24時間営業の是非を問う松本オーナーを支援しつつ、一記者として裁判の推移を取材・報道していた筆者が、松本の言動に違和感を覚えたことが数回あった。最初は、一審の第8回口頭弁論（２０２１年8月20日）で、セブン本部の代理人が「異常な顧客対応」の具体例として十数項目をあげ、その中の一つとして、松本オーナーが最低賃金違反で労基署から是正勧告を受けていたと指摘したとき、その次は、ミスによる食品類の商品破損やレジの違算を従業員に全額弁済させ、ビデオ研修の期間中の賃金も支払わなかったとセブン側が非難したときだった。後者は労働基準法違反の疑いがある。いずれも裁判の直接の争点ではないものの、裁判官の心証に影響する可能性はあり、大丈夫なのかと不安になった。

労基署の是正勧告は、アルバイト従業員の申告によるものだった。近畿大学の中国人留学生だったTは２０１９年5月、松本の店舗に採用されたが、不満があって2日で退職することになった。その際、松本は制服をクリーニングして返却するよう求め、2日分計8時間の賃金は、制服返却時に支払うと伝えた。というのは、採用面接の際、松本の店舗では3か月以上勤めた場合は除外するものの、それ以下の短期で退職するときは制服をクリーニングして返却することを了解してもらっていたからである。ところがTはクリーニングに出さず、自宅で洗濯した制服を持参したため、松本は再度クリーニングを要求し、それまで賃金は支払わない意向を示した。Tから賃金未払いの申告を受けた東大阪労基署は、松本に対して「クリーニングしないことを理由に賃金を支払わないのは、労基法と最賃法に違反する」として是正を勧告。松本はこれを受け入れなかったが、結局、Tが制服をクリーニングして返却した結果、8時間分6815円の賃金が支払われ、問題は解決したという。松本に悪意はなく、双方の行き違いから事件化したとはいえ、違法性が疑われる言動は控えるべきだった。

一方、商品破損、レジの違算に対する全額弁済については、本部社員から労働基準法違反になることを指摘され、松本はすべて是正している。それぞれ当該従業員から「自分のミスなので弁償したい」と申し入れがあった場合のみ、損害を負担してもらったに過ぎないが、違法かもしれないという認識はなかったという。ビデオ研修中の賃金不払いも違法とは知らず、後に支払っている。ただ、人を雇い、働かせるからには、労基法などの労働者保護法を遵守するのが最低限のルールであることは、いまさら言うまでもない。立場の弱いパート、アルバイトなど非正規労働者であればなおさらである。

さらに筆者が気になったのは、松本オーナーの不用意な発言だ。契約解除後の2020年5月8日、松本はインターネットラジオの対談番組（西谷文和「路上のラジオ」）に出演し、セブン側の要約によると、次のように発言した。「①（セブン本部は）マルチ商法の如く、オーナーを騙して、加盟店契約を締結させている、②加盟店契約を締結している多数のオーナーは原告（セブン）の奴隷なのに、原告に洗脳され、奴隷であると認識していない、③原告の親会社が内閣総理大臣に賄賂を贈った結果、中労委が、オーナーを従業員ではなく事業者と判断した」。セブン本部は、これらの発言内容は会社の社会的評価や名誉を著しく毀損し、信頼関係を完全に崩壊させた、と裁判の中で繰り返し主張した。

松本の発言は、正確には以下のとおりである。

①西谷：何かこれ、下手なマルチ商法みたいな。
松本：そうなんですよ。今、思うたら、それでみんなだまされてやってるんですよ。
②西谷：もう現代の奴隷工場ですね。
松本：そうですよ。だから僕、一生懸命、みんなで声出して奴隷をやめようと。
西谷：奴隷を解放しようと。
松本：それが一番の問題、何やいうたら、世の中のオーナーが奴隷やと思ってないんです。そこが問題なんで、洗脳されてしまってる。
③西谷：それは松本さんらもオーナーやから、労働者じゃないということですか。
松本：ないと、そういうこと。それで中労委が覆すその前の日に、うちのセブン＆アイの社長の井阪と安倍さんとが密会じゃないけど、会食をしてたっていう話なの。
西谷：首相動静に書いてあるんですか。
松本：うん。

西谷：あちゃあ。安倍さん。

松本：そのときに、その机の下からお金が流れたと僕は見えてるんですけど。僕が見えるだけで、他の人には見えないのね。

長々と引用したのは、例えば松本は、安倍首相への賄賂について「僕にはそう見える」という趣旨で語り、断定はしていない。しかし、裏付けのない事実の発信は、たとえ主観であっても問題となるケースが少なくない。根拠のない発言をそのまま放送すれば、ラジオ番組の主宰者も当然ながら責任を問われる。セブン本部が、松本の弱点を突き、揚げ足を取ることに躍起になっていた時期だけに、なおさら不用意な発言は慎むべきだった。

裁判が終結し、最高裁の決定を待っていた2023年秋、松本オーナーに弱点はなかったのか、私たちは率直に話し合った。松本は筆者の質問に対して、少し考えながら次のように語った。

迷惑客への対応に反省点はありますか？

「妻を亡くして精神的に参り、言わずもがなのことを言ったかもしれません。客ならどんな態度でも許されるわけではないけれど、ただ、相手に合わせて荒い言葉遣いで返さなければよかったとは思います。もう少し大人になっていればと。たとえ客が口汚く罵ってこようとも、それと同じように言い合ったのでは、同じレベルになってしまいます」

「非常識な客、身勝手な客、理不尽な客に対しては、私はクレームを恐れることなく、遠慮なしにモノを言ってきました。そうすることが、少しでも世の中を変える小さな正義だと信じていたのです。

本部が迷惑客をビデオで確認すれば、こんなにひどい客がいるのだということを分かってくれるはずだから、逆にクレームを言ってくれた方がいいくらいに思っていました。苦情を他人事とさせず、本部に対応させたかったわけです」

ツイッター投稿の表現は、少し過激だったのではありませんか？

「ツイッターを始めたのは、時短営業からしばらくして、他のオーナーからの相談が相次ぎ、電話や手紙だけでは対応しきれなくなったからです。セブン本部は当時、時短を認めるポーズを取っていましたが、実際には申請しても一向に動かず、逆に圧力が激しくなった、といった訴えが店主から届いていました。ツイッターのおかげで仲間の相談にも早く対応できるようになった反面、私への誹謗中傷も鳴りやまず、鈍感な私はまったく気にしませんでしたが、悪辣な人格攻撃で自殺に追い込まれる人がいることも理解できるようになりました」「セブン本部が私の投稿をすべてチェックしていることは知っていました。そこで私は、セブンペイの失敗、時間外手当不払いなど、さまざまな不祥事でも本部の対応が悪いことを辛辣に批判するようになりました。アリ（松本）がゾウ（セブン）に嚙みついたら、少しは傷ついたのかもしれません。それでもセブン本部を批判するツイートはいいとしても、永松社長や井阪社長、古屋会長らの役員を名指しで批判したことはやり過ぎだった、と私も今になって反省しています」

「松本さんを支援する会」の解散総会は2024年6月1日、大阪市内で開かれた。小林康二会長

（兼事務局長）は前年の8月27日、間質性肺炎の合併症で逝去したため、総会は冒頭、小林会長（享年83）に黙禱を捧げた。あいさつした松本は「裁判には完敗したけれど、コンビニ店舗の約1割が時短営業を実施し、国や自治体などのカスタマーハラスメント対策もすすみ、わずか5年で強固な壁を破ることができた。やるべきことはすべて行いました」と語り、大きな拍手を受けた。

坂本団弁護士が松本裁判を報告し、「最大の争点であった契約解除の有効性をめぐり、セブン本部が契約解除理由とした『異常な顧客対応』の57件に詳細に反論したが、本部の本当の目的は時短営業の広がりを阻止することにあったという論点は二次的な扱いにならざるを得ず、大阪地裁は争点の57件を無視した卑劣な不意打ち判決を言い渡した。大阪高裁も地裁判決に輪をかけた酷い判決で、最高裁は上告を門前払いした。しかし、松本さんの闘いによってコンビニ主要6社で時短営業の店舗数は全体の1割以上、全国5万5000店のうち約6400店舗に広がった。カスハラ対策の進展とあわせ、松本裁判が広く報道されたことで、世の中が動いたことは間違いない」と総括した。

弁護団からは「松本さんの闘いは時代を先取りしていた」（喜田弁護士）、「次に闘うオーナーが出たとき、みなさんはまた結集してほしい」（加苅弁護士）、「いつも傍聴席を満席にしてもらい、励ましも一杯もらった」（西念弁護士）などの発言があり、大川弁護団長は「この4人の弁護士は責任感と労を惜しまず、最後まで手抜きなく奮闘した。支援のみなさんも、3回も負けるような結末にもかかわらず、今日まで支えてくださった。心からお礼を申し上げたい」とあいさつした。

総会では、ほぼ手弁当で松本裁判に全力を尽くした5人の弁護団に対して、参加者全員が起立して長い拍手を送った。

松本は今、東大阪市内の社会福祉事業団で週に4日働きながら、家庭菜園で無農薬野菜を育てるなど、穏やかで充実した暮らしをおくっている。セブン－イレブン・ジャパンに闘いを挑んだものの、裁判では完敗した結末について、実際のところ彼はどう考えているのか。

「最初は闘うつもりなど、本当に全然なかった。ただ自分の店をなんとか守りたい一心で時短を始めたわけです。ところが、それが報道されると、多くのオーナーや下請業者から連絡を受け、私よりもっと苦しんでいる人たちが大勢いると知った。そこで、これは自分だけの問題ではない、同じように契約書に縛り付けられ、命を奪われる人をこれ以上出してはいけないと思った。こんな理不尽は許せないと、闘う決心をしたのです。でも、闘っているうちに、自分の身は自分で守るしかない、と分かってきました。たとえ契約書に明記されていても、命をかけてまで不合理な契約内容を馬鹿正直に守る必要なんかありません。時短営業は、理不尽な契約から自分の身を守るための逃げ道を示したに過ぎない、と思っています。自分の身を守るためには、闘ってもよいし、闘えない人は逃げてもかまわない。伝えたかったのは、『命より大切な契約書なんてない』ということ一点です」

第10章 コンビニは「社会インフラ」なのか

時短裁判が大阪地裁で進行中の2021年4月、セブン本部は松本の店舗駐車場に直営の仮店舗を建設するための工事を始めた。その際、セブン代理人はそれを正当化する理由として、「コンビニは社会インフラであり、地元住民から『買い物や防犯のために営業を再開して欲しい』という要望がきている」と、マスコミに説明した。法廷では「地元住民の要望もあり、防犯・防災など地域貢献を最優先に判断した」とも主張している。まったく笑止千万の言い草である。コンビニが住民の要望や地域貢献を目的として設置されることなどあり得ない。

第1章の11ページで触れたとおり、セブン－イレブン東大阪上南小阪店の設置にあたっては、本部のリクルート部が周辺の交通量、事業所数・従業員数、住宅状況、住民の年齢構成、通勤・通学者数などを詳細に事前調査し、立地条件に競争力があると判断したからこそ進出が決まったのであって、住民の要望や地域貢献などは判断の基準に入っていない。セブン本部の嵐陽一ZMが大阪地裁に提出した陳述書によれば「市場の具体的な評価手法などは社外秘の営業秘密であり、開示できない」と言うほど、事前の市場規模調査は広範囲かつ緻密なのである。地元住民の要望があるので仮店舗を設置する、というセブン代理人の主張は噴飯ものの詭弁というほかない。

さらに許しがたいのは、この違法な仮店舗建設の強行にあたって、セブン本部は言うに事欠いて

「コンビニは社会インフラである」という、自画自賛の常套句を大義名分にしたことである。

国、自治体、警察の仕事を15歳に押しつけるな

「社会インフラ」とは何か。本来は電気、ガス、水道、道路、鉄道、港湾、空港、学校、医療、消防・警察、金融、通信など、社会生活や経済活動に欠かせない基盤的設備やサービスの総称である。セブン－イレブンの店舗は、このうち何を担っているのか。せいぜい公共料金の収納代行、宅配便の受託、住民票・印鑑証明の発行、銀行ATMの設置など自治体・金融機関・他企業の業務を一部代行しているに過ぎない。しかも、そのリスクの大半と作業負担は、わずかな手数料と引き換えに、加盟店オーナーと従業員が担わされている。そんな実態であっても、コンビニを「社会インフラ」と称するなら、街の食堂や商店も立派な社会インフラの一部である。

確かに近年では、警察庁がコンビニ店舗に子どもの駆け込み、高齢者保護など「まちの安全・安心の拠点」活動を求め、自治体が災害時の協定を結ぶなど、コンビニが公共サービスを肩代わりする分野は一段と増えている。だが、必要な訓練も専門教育も受けていないアルバイト従業員たちにその役割が果たせるのか。

時短裁判を闘っていた当時、「全国5万店の下で働くスタッフより」という匿名のメールの写しが松本に郵送されてきた。宛先はセブン－イレブンの古屋会長と永松社長。会社に送信しても何の反応もないので、マスコミに発信されることを期待して、松本に転送したのだろう。そこには次のような

訴えが書かれていた。

コンビニに負わされている

・国がやるべき
・役所がやるべき
・警察がやるべき

防犯防災という仕事
書類の発行という仕事
防犯という仕事
振り込め詐欺の防止の声掛けという仕事
先日、レジから見えない位置にあるATMにスーツ姿が似合わない人がいたら全部警察に通報して、と警官に言われましたが、コンビニの人手不足のニュースご存じないのか？
スタッフさんは、協力したいけど、目の前のお客さんでいっぱいいっぱいです、と答えました
迷子の保護、お年寄りの保護、通報・保護中に本来の仕事ができず、お客さんに怒鳴られる仕事
道案内、たいていこちらもわからない場所で、ほぼお力になれません

・消防がやるべき

防災拠点という仕事

・学校がやるべき

子どもたちの見守りという仕事

・親がやるべき　　未成年の見守りという仕事
・ご親族がやるべき　徘徊するお年寄りの見守りという仕事

15歳の子が、災害のときに町の人の犠牲になろうと思って、コンビニで働いていません。夜中に外出する人の身を守るなんて、逆に警察が夜中に働く人の安全を守ってくれるべきなのに。

アルバイト募集に、国や市役所に代わってこんなことまでします、と書くべきではないでしょうか。国からも本部からもやって当然、しないのはお客さんからの信頼を失うとまで言われているのに、国からも本部からも、バイト代に上乗せされることなく、スタッフの知恵と良心でこなされています。

いまの会社の社長の方針、売り上げを上げれば、店の問題がすべて解決する、という言葉は納得できません。現場が言うのですから真実です。

実質40年もの間、変えていない、本部と店のとりぶんを、「店の声を聴いて」今の状況に合わせて変えてください。そしたら、もう一人スタッフを増やしてもらえるし、時給も上がるし、本当に店とスタッフとお客さんと町のためになります。

未来ある若者を最も数多く預かるコンビニ業界。40年前の考えに執着しているお年寄りがトップにいて引っ張っていくことが、もう無理なのかもしれないと言われないように、いま変わってください。


コンビニ大手と国などの社会インフラ論に異議を唱えているのは、もちろん従業員だけではない。経済産業省のヒアリング（2019年8〜9月）に応じた全国各地のオーナーたちは、次のように反発している。

「1年に1日も休めないオーナーが何人もいる。本部はオーナー犠牲の下で社会インフラと言っている」、「手数料は低いのに、公共料金や宅配便などの紛失リスクはすべてオーナーにある」、「コンビニフランチャイズは合法的な搾取だ。商売ではなく、ボランティアと思わないとやってられない」、「宅配便受託、公共料金収納、ATM手数料にも高率のチャージがかかる」、「社会インフラというが、それは警察、市役所、銀行の仕事だ。何もかも24時間やれない」、「政府も本部もコンビニが社会インフラというなら、助成金を出してもらいたい」——。

にもかかわらず、セブン本部の代理人は東大阪の仮店舗建設にあたって「夜間に店の灯りが消えているのは防犯上好ましくない」と、さも社会貢献であるかのように言い募った。それほど地域の安全が心配なのであれば、セブン‐イレブン・ジャパンは東大阪の警察や自治体に代わって、コンビニ経営ではなく、地元の防犯・防災活動を始めるべきではないか。

公共部門の責任放棄と表裏一体

当たり前のことだが、コンビニ加盟店オーナーは公共サービスを提供するために店舗経営を始めたのではない。営利目的の小規模事業者として開業している。要はフランチャイズ傘下の個人商店なのだ。途中から一方的に社会インフラの役割を押し付けられたものの、儲からないサービスなどやりたいはずがない。

「コンビニ＝社会インフラ」論を最初に言い出したのは、経済産業省が２００８年に設置した「社会インフラとしてのコンビニエンスストアのあり方研究会」だった。コンビニ各社の代表と有識者らでつくり、翌年春にまとめた報告書では、交番や郵便局などの公共機関を上回る店舗数に拡大したコンビニ店に対して、地域防犯拠点などの社会的役割を果たすことを提言した。経済産業省はこの路線を引き継ぎ、さらに発展させた「コンビニエンスストアの経済・社会的役割に関する調査報告書」を２０１５年に発表し、コンビニはもはやただの小売店舗ではなく、社会インフラであると位置づけ、次々と公共サービスを肩代わりさせてきた。

その影で進行しているのは、本来、公共部門が担うべき責任の削減である。

多くの金融機関は、維持費などのコストがかかるＡＴＭの台数を減らし続け、今やコンビニＡＴＭに公然と頼りきっている。キャッシュレス決済の広がりが背景にあるとはいえ、金融機関のＡＴＭ設置台数は２０２３年3月現在、ゆうちょ銀行（3万１４５４台）を除けば合計9万台を割り、10年前と比べると2割ほど少なくなった。三菱ＵＦＪ、みずほ、三井住友の3大メガバンクのＡＴＭは合計1万５０００台足らずで、セブン銀行などコンビニ3社の合計約5万３０００台の3割弱に過ぎない。

都道府県警察の交番、駐在所も老朽化などを背景に統廃合がすすみ、このままのペースでは２０５０年代前半には２０００年代初めに比べて4割減になるという。警察庁がコンビニの業界団体に、子どもの駆け込みや高齢者保護などの活動を要請したのは、交番などの削減が本格化しつつあった2000年のことだった。

地方自治体では、人件費を抑制するために非正規職員が増やされ、2023年度は過去最高の74万人以上となった。現在、地方公務員の5人に1人が非正規であり、窓口では過半数が非正規という職場も珍しくない。マイナンバーカードを使えば、コンビニのマルチコピー機で住民票、印鑑証明の写しなど公的証明書が受け取れるシステムは、「個人情報のセキュリティが不安」という声を押し切って、自治体の経費削減の流れの中で2016年に始まった。

2017年、コンビニは災害対策基本法に基づく指定公共機関と定められ、電力会社や鉄道などと並ぶインフラとして、災害時にも食品、日用品などを輸送・供給する役割を与えられた。地震や豪雪で道路が機能マヒに陥ったとき、どうやって商品を輸送するのか、災害下であってもコンビニオーナーや家族、従業員たちを24時間働かせるのか、肝心な問題は置き去りにされたままだ。

支える人たちが人間らしく働けるコンビニに

「コンビニ＝社会インフラ」論が闊歩しているのは、「インフラと呼ばれるのはありがたい」と歓迎するコンビニ大手の経営トップたちと、公共サービスを肩代わりさせたい国、自治体などの思惑が一致した結果だろう。

セブン本部は、年中無休営業の理由をテレビメディアに問われ「セブン‐イレブンは商品の販売やサービスの提供だけでなく、社会インフラとしての役割を担っており、店舗オーナーと24時間営業を前提とした契約を交わしている」と答え、24時間営業を社会インフラ論によって正当化した。

だが、考えてもみよう。コンビニビジネスの本当の顧客はオーナーなのだ。本部はフランチャイズシステムを加盟店に売り、コンビニ会計と年中無休営業を強いることで、大きな利益を上げている。利用客は本部にとっては間接的な存在であり、公共サービスの代行は、消費者を店に誘い込む手段に過ぎない。

松本裁判でセブン本部は、1店舗の開店にあたり会社が約6000万円を投資するのに対して、オーナーは250万円支払うだけだから、他のフランチャイズビジネスと比べれば、オーナーは経済的に極めて厚遇されている、と主張した。だが、6000万円程度の出資金は、オーナーから吸い上げる高率のチャージ（上納金）によって2年余りで本部に回収され、あとは本部の一人勝ちである。

本部が莫大な利益を上げているのは、コンビニ会計と呼ばれる特殊な収奪システムを死守していることとあわせ、店舗を支える従業員も配送ドライバーも自らは雇用することなく、他人任せにしているからだ。店のスタッフは社会保険にも入れず、加入させると加盟店の経営は成り立たなくなる。配送会社は何社にも分かれ、ドライバーは分断され、車載端末でセブンに監視されている。そんな状態を続けている会社に、国や自治体はなぜ社会インフラの役割を担わせるのか。電力、鉄道など他のインフラ企業は、少なくとも雇用責任を果たしているし、ほとんどに労働組合もある。

問われているのは、私たち市民、消費者がどんな社会で暮らしたいか、ということだろう。加盟店オーナーたちが死ぬほど疲れ、従業員が煩雑な仕事と低賃金にあえぐコンビニであっても、便利でさえあればいいのだろうか。無理なサービスをやめ、深夜は閉店することで利用者が多少の不便を強いられるとしても、店を支える人たちが人間らしく扱われるビジネスに変われば、コンビニは地元の経済をもっと潤すはずだ。今のままでは、利益の大半は東京の本部に持ち去られ、加盟店は持続不可能になりかねない。

コンビニを「社会インフラ」などと持ち上げ、何でもありのサービスを求めるのは、もうやめるときである。

あとがき

労働専門紙の記者として26年、フリーになってから二十数年、合わせると半世紀近く労働問題の取材を続けてきた。そこで知り得た情報から、日本の会社との向き合い方を自分なりに定めている。といっても簡単なことで、過労死を出したり、人権侵害を犯したり、非道なリストラを強行したり、労働者を大切にしない会社の商品やサービスは、できるだけ買わないというだけのことである。そんな抵抗など、当該企業には痒くもないのは分かり切っているが、精神衛生上、多少の気休めにはなる。

とはいえ、労働法制をはじめコンプライアンスを軽視し、不祥事を起こす会社や法人は後を絶たない。だから、不買対象は増える一方だ。それが電力や鉄道、郵便・通信など公益事業の場合、選択の余地はほとんどなく、いやでも使わざるを得ない。コンビニエンスストアは公益事業ではないけれど、公共料金の納付などでお世話になることがあり、やはり不買の対象にしにくい業種の一つだ。

セブン－イレブンという会社の問題点は、関連書籍などで側聞していたが、社内に過半数労組が存在しないこともあり、働く人たちがどんな状況にあるのか、具体的にはほとんど知らなかった。ところが、東大阪市の加盟店オーナー、松本実敏さんが本部に反旗を翻したことによって、コンビニ本部に搾取されているのは、彼らオーナーと家族、アルバイト従業員たちであることに気づかされた。オーナーは労働者ではなく自営業者とされ、労働法が適用されないことを逆手にとって、セブン本部は年中無休24時間営業を彼らに強制し、巨利を得ていたのである。まぎれもなくブラック企業だ。

セブン－イレブン・ジャパンは普通の会社ではない。24時間営業に異を唱えた松本オーナーを排除するために、店舗の盗撮やトラブルの捏造さえ辞さず、裁判では総力をあげて彼の人格を攻撃した。そんな会社の主張を鵜呑みにし、オーナー側に店舗明け渡しなどを命じたのが、松本時短裁判の結末である。会社も異常なら、大阪地裁・高裁の判決も異様であった。セブン－イレブンは、ここに至ってわが不買対象に定まった。

24時間営業の是非を問う裁判で松本オーナーが敗訴した結果、コンビニ問題に関するマスコミの批判的報道は一斉に終わってしまった。コンビニチェーンが投じる巨額の広告マネーの前に、各メディアはひれ伏したかのようだ。だが、年中無休営業や高率のチャージ（上納金）、店舗を共喰いさせる「ドミナント戦略」など、コンビニ本部による加盟店搾取の実態は、今もほとんど変わっていない。マスコミの奮起に期待したいところだが、本部と正面から闘うオーナーが再び表れるまで、それは望み薄かもしれない。

松本裁判の記録について執筆を打診されたとき、正直に言うと気が重かった。負け犬の遠吠えになりかねないし、松本さんにも弱点があると感じていたからだ。だが、セブン本部の卑劣きわまりないオーナー攻撃の手口は、加盟店主たちにもっと広く伝えるべきだと思い直し、書籍化を引き受けた。セブン本部への批判だけでなく、大阪地裁・高裁判決に対する批判も詳しく書いたのは、次にコンビニ本部と闘うオーナーたちに役立ててもらいたいからである。

「松本さんを支援する会」のメンバーでありながら、ジャーナリストとして本書を執筆したのは、事実に基づき正確、公正な記録を残すことが目的なのだが、それがかなったかどうかは読者の判断に委ねたい。

出版にあたっては、大川真郎さんをはじめ5人の弁護団、旬報社の木内洋育社長に的確な助言をいただき、大変お世話になった。取材や資料提供に尽力くださった松本実敏さん、小林由香子さんにも心からの感謝を申し上げる。この事件に私を導いた畏友、故・小林康二さんに本書を捧げたい。

２０２４年11月30日

村上恭介

本書執筆にあたり、大阪地裁、高裁の裁判資料をはじめ、本文中に記載したコンビニ問題に関する新聞・テレビ・雑誌の報道のほか、多数のマスコミ記事、支援する会の「松本ニュース」およびホームページなどを参照しました。書籍では『コンビニオーナーになってはいけない』（コンビニ加盟店ユニオン＋北健一、旬報社）、『コンビニの闇』（木村義和、ワニブックス）、『セブン‐イレブンの正体』（週刊金曜日取材班、金曜日）などを参考にさせていただきました。

解説

斎藤 貴男（ジャーナリスト）

思えば本書の主人公・松本実敏さんは、世直し運動の旗手だった。だってそうだろう。この男の果敢な行動なかりせば、24時間営業の苦役で疲弊しきったコンビニ店主たちの難儀が広く伝えられることはなかったし、ということは業界に改革への機運が生じる可能性も、限りなく小さいままだったに違いないのだから。

いわゆるカスハラ対策の進展にも大いに寄与したと、私は確信している。いつまでも重い腰を上げずにいた厚生労働省が「カスタマーハラスメント企業対策マニュアル」を公表したのは、彼の闘いが佳境に入った2022年のことだった。24年の10月には東京都議会も、その防止を目指す条例を全国で初めて可決・成立させている（施行は25年4月）。

2024年4月の調べによれば、主要6社のコンビニチェーンで、24時間営業をしていない時短店舗は約6400店。全体の1割超を占めたという。

本部の方針次第で温度差はある。大手ほど遅れているのも現実だ。それでも3年前の2020年度に比べると、加盟店側の希望による時短店舗はローソンで約100店、松本さんが闘ったセブン-イレブンでは200店以上も増えている。アンケート調査と取材に当たった共同通信の〈各社は人手不足を補うため、セルフレジ導入なども加速させているが、従業員らの働き方改善に向けてより柔軟な取り組みが求められそうだ〉とする指摘（5月6日付配信記事より）には、誰もが頷かざるを得ないだろう。

コンビニ経営が悩ましいのは、休暇はおろか休息さえ満足に取れないビジネスモデルや、チェーン本部との関係にばかり原因があるのではない。日々の営業そのもの、もっと言えば顧客、私たち消費者の身勝手さも、重大なファクターだ。

駐車場の不正利用をはじめ、家庭ゴミや産業廃棄物の持ち込み、マナーもへったくれもないトイレの使い方、等々。万引きも日常茶飯事というから呆れる。強盗の恐怖も付きまとうとされるが、それはまあ、別次元の話か。

何よりも、

「コンビニの店員にはどんな暴言を吐いても、どんなムチャクチャをしても許されると思い込んでいる人が多すぎる。もちろんお客さんだけが悪いんじゃない。他ならぬ私たちコンビニ業界が、挙げて社会全体をそのように変質させてしまったのだと感じます」

などという店主たちの嘆き節を、私は幾度も聞いている。この業界に半世紀近くも君臨した鈴木敏文氏（元セブン＆アイ・ホールディングス名誉会長）が唱え続けた「お客様第一主義」に内在する、それは負の側面ではなかったか。

Convenience（便利）という概念を丸ごと事業理念とするコンビニエンス・ストアという業態は、膨張に次ぐ膨張を重ねた末の２０１０年代後半、最高潮に達した。つまり爛熟期だった。

それだけに改められなければならぬ課題も山積。にもかかわらず放置され続けていたのは、なぜか。情けなかったのは、マスメディア、ジャーナリズムと呼ばれる職能だ。社会のチェック機能を自称しながら、何も追究しようとしなかった。

新聞やテレビは有力なスポンサーたるコンビニ業界首脳らの機嫌を損ないたくない。ゲリラ戦が得意なはずの週刊誌、夕刊紙も、縮小の一途を辿る駅のキヨスクに代わる販売ルートに疎んじられることを極端に恐れた。政治と行政と司法の三権もまた、常に業界を擁護する側に回って恥じない。

そんな折も折に、松本さんは現れた。セブン‐イレブン加盟店のオーナー店主でありながら、いや、だからこそ、本部の理不尽に真っ向から立ち向かい、とことん闘って、本当の意味で勝利した。三審での敗訴のごときは所詮、本来の職責を放棄している特権集団の成せる業でしかありはしない。これはこれで残念な結果ではあるけれど、人生の真実とはほど遠いのである。

ある日突然、小林康二さんからいただいた電話を、私は今も鮮明に記憶している。あなたが月刊『世界』に連載したルポを読んで、衝撃を受けた、ついては苦境にある松本実敏さんを支援する会を立ち上げたい、というのである。そう、本書の第3章に詳述された経緯の、私は当事者の1人だったのだ。

面識のなかった方からの申し出には驚いたが、話を聞くうち、自分の仕事がそんなふうに受け止めてもらえたなんてと、嬉しくなった。支援運動そのものを一緒にやれる立場ではないけれど、せいいっぱい応援しますと約束した。

したがって本来、松本vsセブン-イレブンの裁判を取材し、一冊にまとめるべきだったのは、私なのかもしれない。役目を果たせなかったのは、小林さんの電話を受けて間もなく健康を損ない、一時期、あまり動けなくなってしまったためである。

だから本書の著書である村上恭介さんには、マスコミの業界用語で謂う「抜かれた」ことになる。悔しくないと言ったら嘘になるが、一読して、これでよかったのだと思った。

なぜなら本書は、実に見事な作品であるからだ。問題意識が明確で、よい意味で対象と密着したスタンスにブレがなく、事実関係を丹念に掘り下げている。荒稼ぎのためには手段を選ばない巨大企業のやり方が活写されると同時に、この構造の中で一定の役割を演じた人々の悲哀をも感じさせる筆致が味わい深い。さすが、労働の分野で定評のあるベテラン・ジャーナリストの仕事だと、舌を巻いた。

セブン-イレブンは、いやコンビニの世界全体も、松本さんの裁判を機に、明らかに新時代を迎えた。そんなタイミングで上梓された本書のラストは、「コンビニ」という存在を突き詰める上で、きわめて重要な問題提起で締め括られている。読者にもぜひ、一緒に考えていただきたいと思う。

松本さんと彼の弁護団、この間に亡くなってしまわれた小林さんをはじめとする「支援する会」の方々、そして村上さんに、心からの拍手を送りたい。

［著者紹介］

村上恭介（むらかみ・きょうすけ）

ジャーナリスト。１９５１年生まれ。主に労働問題を報道する連合通信社の記者を経て、２００１年からフリー。「大阪路上生活報告―拡散する経済難民」で週刊金曜日ルポルタージュ大賞報告文学賞を受賞。共著に『この国のゆくえ』（金曜日）、『70年代／若者が「若者」だった時代』（同）がある。

斎藤貴男（さいとう・たかお）

ジャーナリスト。１９５８年生まれ。日本工業新聞、プレジデント、週刊文春の記者などを経てフリー。主な著書に『機会不平等』『民意のつくられかた』（以上、岩波現代文庫）、『戦争経済大国』（河出書房新社）、『「東京電力」研究 排除の系譜』（角川文庫）、『日本が壊れていく』（ちくま新書）ほか。

セブン元オーナーはなぜ闘ったのか―日本のコンビニを問う

二〇二四年一二月二五日 初版第一刷発行

著者……村上恭介＋斎藤貴男

装丁……佐藤篤司

発行者……木内洋育

発行所……株式会社 旬報社

〒一六二―〇〇四一 東京都新宿区早稲田鶴巻町五四四

TEL 03-5579-8973 FAX 03-5579-8975

ホームページ https://www.junposha.com/

印刷・製本……中央精版印刷 株式会社

 ISBN978-4-8451-1968-4